세계
인권
선언

**옮긴이 목수정**

15년째 프랑스에 거주하며 글을 쓰고 번역을 하며 살고 있다.
『뼛속까지 자유롭고 치맛속까지 정치적인』『야성의 사랑학』『월경독서』『파리의 생활 좌파들』『당신에게, 파리』『아무도 무릎 꿇지 않은 밤』 등의 책을 썼으며, 『문화는 정치다』『멈추지 말고 진보하라』『10대를 위한 빨간책』『부와 가난은 어떻게 만들어지나요?』『자발적 복종』(공역) 등을 우리말로 옮겼다. 경향신문, 『한겨레21』『고래가 그랬어』 등의 매체에 칼럼을 써 왔다.

Rien à déclarer? Si! Les droits de l'homme
© 2016, Éditions du Chêne - Hachette Livre. All rights reserved.
Illustration director: Gérald Guerlais
Text selection: Franck Friès
Edited by Éditions du Chêne

Korean translation copyright © Munhakdongne Publishing Group, 2018
This Korean edition was published by arrangement with Hachette Livre through Sibylle Books Literary Agency, Seoul.

이 책의 한국어판 저작권은 시빌 에이전시를 통해 저작권자와 독점 계약한 (주)문학동네에 있습니다. 저작권법에 의해 한국 내에서 보호를 받는 저작물이므로 무단 전재 및 무단 복제를 금합니다.

# 세계인권선언
## 그리고 인권의 역사를 만든 목소리

**1판 1쇄** 2018년 7월 6일 | **1판 3쇄** 2021년 11월 30일
**그린이** 제럴드 게를레 외 | **옮긴이** 목수정
**책임편집** 곽수빈 | **편집** 김두리 이복희 원선화 엄희정 | **디자인** 이현정 이지인
**마케팅** 정민호 박보람 김수현 | **홍보** 김희숙 함유지 김현지 이소정 이미희
**제작** 강신은 김동욱 임현식 | **제작처** 상지사
**펴낸곳** (주)문학동네 | **펴낸이** 염현숙 | **출판등록** 1993년 10월 22일 제406-2003-000045호
**주소** 10881 경기도 파주시 회동길 210
**전자우편** kids@munhak.com | **홈페이지** www.munhak.com | **카페** cafe.naver.com/mhdn
**북클럽** bookclubmunhak.com | **트위터** @kidsmunhak | **인스타그램** @kidsmunhak
**대표전화** (031)955-8888 | **팩스** (031)955-8855 | **문의전화** (031)955-8895(마케팅) (02)3144-3242(편집)

**ISBN** 978-89-546-5195-0 02300

잘못된 책은 구입하신 서점에서 교환해 드립니다. 기타 교환 문의: 031) 955-2661, 3580

• 소중한 목소리를 들려주신 시민 99명에게 감사드립니다.

# 세계
# 인권
# 선언

제랄드 게를레 외 **그림**
목수정 **옮김**

그리고 인권의 역사를 만든 목소리

문학동네

## 서문

모든 인류 구성원들에게는 태어날 때부터 가지는 존엄성과 누구에게도 양도할 수 없는 평등한 권리가 있으며, 그 존엄성과 권리가 인정될 때 세계의 자유와 정의 그리고 평화가 실현될 수 있는 바탕이 마련된다.

인권에 대한 몰이해와 무시로 인간의 양심에 반하는 야만적 행위가 자행되었으며, 모든 사람들이 언론과 신앙의 자유를 누리고 공포와 결핍으로부터 자유로울 수 있는 세상을 열망하게 되었다.

인간이 독재와 억압에 맞서기 위한 최후의 수단으로 반란을 일으켜야만 하는 상황이 되지 않도록, 법 제도를 통해 인권이 반드시 보장되어야 한다.

나아가 국가 간의 우호적 관계를 발전시켜 나가야 한다.

유엔의 구성원들은 유엔헌장으로 인간의 존엄과 가치, 기본적인 권리와 남녀 간의 평등에 대한 신념을 다시 천명했으며, 보다 자유롭게 사회의 진보를 도모하고 보다 나은 삶의 조건을 구축할 것을 다짐했다.

유엔 회원국은 유엔과 협력하여 인권과 기본적 자유를 보편적이고 실질적으로 준수할 것을 서약했다.

그 서약을 완전히 이행하기 위해서는 모든 사람이 권리와 자유에 대한 일치된 견해를 가지는 것이 중요하다.

이에, 유엔총회는 모든 개인과 모든 국가가 성취해야 할 공통의 기준으로 세계인권선언을 선포한다. 이는 모든 개인과 사회조직이 이 선언을 항상 유념하면서 교육과 학습을 통하여 권리와 자유를 존중하고자 노력할 수 있게, 그리고 국내·국제적으로 제도 장치를 마련하여 모든 사람이 권리와 자유를 보편적이고 효과적으로 인식하고 준수할 수 있게 하기 위함이다.

1948년 12월 10일 유엔

**제1조**

모든 사람은

태어날 때부터 자유로우며

동등한 존엄과 권리를 가진다.

모든 사람은

이성과 양심을 타고나며

인류애의 정신으로

서로를 대해야 한다.

그림_ 크리스토프 로트레트

모든 국민은 인간으로서의 존엄과
가치를 가지며, 행복을 추구할 권리를
가진다. 국가는 개인이 가지는 불가침의
기본적 인권을 확인하고 이를 보장할
의무를 진다.

—

**대한민국헌법 제10조**


모든 사람은 자유롭고 평등한 권리를
가지고 태어나며 살아간다.
사회적 구별은 오직 공공의 필요를
위해서만 허용된다.

—

**프랑스인권선언**• 제1조

• **프랑스인권선언**: 1789년 프랑스대혁명 때 헌법제
  정국민의회가 '인간과 시민의 권리선언'이라는
  이름으로 선포한 선언.

자유, 평등, 박애. 더할 것도 덜어 낼
것도 없다. 이 세 가지 가치는 공화국의
근간을 이루는 초석이다. 자유 그것은
권리이며, 평등 그것은 하나의 사실이다.
그리고 박애는 우리의 의무다. 모든
인간이 이 세 가지 토대를 딛고 서 있다.
(…) 행복한 사람들은 불행한 사람들을
보고 그 불행에 공감해야 한다. 사회적
이기주의는 무덤의 시작이다. 함께
살아가고자 한다면, 마음을 모으고
인류의 이름으로 하나 되어야 한다.
(…) 고통받는 모든 사람들은 사회의
부조리를 드러내고, 눈물 흘리는 모든
사람들은 사회의 상처를 드러낸다.
살아 있는 모든 존재들은 함께 느끼고,
한데 뒤섞인다. 누구도 혼자일 수 없다.
어른들은 아이들을 신성한 존재로
보살펴야 하며, 사회의 모든 강자들은
사회의 모든 약자들을 돌보는 것을
의무로 삼아야 한다.

—

**빅토르 위고, 『법과 법률』 중에서**

사람이 곧 하늘이니(人是天)
사람 섬기기를 하늘같이 하라(事人如天).
－
**최시형**


자연적 평등은 모든 인간이 자연적
본성에 따라 갖게 되는 천부의 권리다.
이 평등은 자유의 원칙이며 토대이다.
(…) 모든 인간은 평등하게 태어나고
성장하며, 평등한 방식으로 살아가고
죽는다.
－
**루이 드 조쿠르, 「백과전서」의 「자연적 평등」
중에서**

기회의 균등은 단지 개인의 행운이나
불운에 의해서 기회가 좌우되는 것을
막아 주는 권리다. 그것은 자신의 재능을
입증하고 발휘하여 부분적으로나마
개인의 불리함을 극복하게 해 주는
권리이다. 그것은 자신이 할 수 있는
만큼, 능력껏 성공할 수 있는 권리이다.
그것은 출신이나 환경, 지위에 발목
잡히지 않을 권리이기도 하다. 그것은
미래에 직면하여 현재에 주어지는
평등이다. 그것은 앞으로 실현될 정의의
바탕이며 동시에 이미 실현된 정의
자체이기도 하다. 그것은 과거의 불의와
현재의 불의로부터 우리의 미래를
최대한 보호하는 길이다. 우리는 기회의
균등에 결코 완벽하게 도달하지는
못한다. 바로 그렇기 때문에 더욱 그
지점에 다가가기 위해 언제나 노력해야
하는 것이다.
－
**앙드레 콩트스퐁빌, 「공화국 가이드」의
「기회의 균등」 중에서**

## 제2조

1. 모든 사람은 인종, 피부색, 성별, 언어, 종교, 정치적 견해나 또 다른 종류의 견해, 출신 국가나 사회적 계급, 재산, 출생, 그 밖의 모든 상황에 따른 어떠한 차별도 없이 이 선언에 명시된 권리와 자유를 모두 누릴 수 있다.
2. 나아가 한 개인이 속한 국가나 영토가 독립국이든 신탁통치 지역이든, 자치권을 상실하였거나 그 밖의 다른 주권에 제한을 받는 지역이든, 그 국가나 영토의 정치적·사법적·국제적 지위를 근거로 개인을 차별할 수 없다.

그림_ 카를로스 펠리페 레온
*그림 속의 말: 인권

나는 요즘 인간의 기본적인 권리와 자유를 누리지 못하는, 세상의 모든 민족들에게 마음을 기울이고 있습니다. (…) 우리는 인류 전체를 위해 세계인권선언을 만들었습니다.

—

**르네 카생, 세계인권선언 표결 하루 전에 한 유엔 연설 중에서**


모든 국민은 법 앞에 평등하다. 누구든지 성별·종교 또는 사회적 신분에 의하여 정치적·경제적·사회적·문화적 생활의 모든 영역에 있어서 차별을 받지 아니한다.

—

**대한민국헌법 제11조 1항**


검둥이 갓난아기는 조그만 까만 주먹을 꼭 쥐고 줄곧 울었다. (…) 어떤 남자가 침을 뱉으며 발길로 찼다. 아기가 자지러지게 울었다.
"안 되어요!"
몽실은 저도 모르게 몸을 아기 쪽으로 가리고 섰다.
"비켜! 이런 건 짓밟아 죽여야 해!"
"화냥년의 새끼!"
사람들은 웅성거리며 제각기 침을 뱉고 발로 쓰레기 더미를 찼다.
(…) "그러지 말아요. 누구라도, 누구라도 배고프면 화냥년도 되고, 양공주도 되는 거여요."
사람들은 몽실이 하는 말에 잠시 입을 다물었다.

—

**권정생, 「몽실 언니」(창비 펴냄) 중에서**

사람들 사이에 실제로 차이가 있다고 해서, 어떤 이들은 우월하고 또 어떤 이들은 열등하다고 결론지어서는 안 된다. 차이와 차별을 혼동해서는 안 된다.

—

**장 로스탕**


여성이 완전한 평등권을 갖게 된다면, 이것은 문명을 입증하는 가장 확실한 증표가 될 것이다. 여성의 완전한 평등권은 전 인류가 지적 능력을 발휘할 수 있는 기회와 행복에 이를 수 있는 기회를 두 배로 증가시킬 테니까.

—

**스탕달, 「1817년의 로마, 나폴리, 피렌체」 중에서**

여자도 사람이외다!

(…) 남편의 아내가 되기 전에, 내 자식의 어미이기 전에 첫째로 나는 사람인 것이오. 내가 만일 당신네 같은 남성이었다면 오히려 호탕한 성품으로 여겨졌을 거외다.

조선의 남성들아, 그대들은 인형을 원하는가. 늙지도 않고 화내지도 않고 당신들이 원할 때만 안아 주어도 항상 방긋방긋 웃기만 하는 인형 말이오. 나는 그대들의 노리개를 거부하오. 내 몸이 불꽃으로 타올라 한 줌 재가 될지언정 언젠가 먼 훗날 나의 피와 외침이 이 땅에 뿌려져 우리 후손 여성들은 좀 더 인간다운 삶을 살면서 내 이름을 기억할 것이라.

—

**나혜석, 『이혼 고백서』 중에서**

제3조

모든 사람은

자신의 생명과 자유, 안전에 대한

권리를 가진다.

그림_ 카미유 앙드레

비록 달성하려는 방법은 달랐지만, 모든 조선인들은 오로지 두 가지를 열망하고 있었다. 독립과 민주주의. 실제로 그것은 오직 한 가지만을 원하는 것이었다. 자유. 자유란 말은 자유를 알지 못하는 사람들한테는 금덩어리처럼 생각되는 것이다. 어떤 종류의 자유든 조선인들에게는 신성한 것으로 보였던 것이다.

—

**김산, 『아리랑』(님 웨일스 지음, 동녘 펴냄) 중에서**


자유는 타인에게 해를 끼치지 않는 한 모든 행위를 할 수 있음을 의미한다. 그러므로 각자의 자연권 행사는 사회의 다른 구성원에게 동등한 권리를 보장해 주어야 할 경우가 아니라면 어떤 제약도 받지 않는다. 제약이 있는 경우 그것은 오직 법률에 의해서만 규정될 수 있다.

—

**프랑스인권선언 제4조**


인간 생명의 불가침성, 자유, 평화는 파기될 것도, 철회될 것도, 보완될 것도 없는 그 자체로 완전한 권리이다.

—

**빅토르 위고, 「법과 법률」 중에서**


안전을 위한 시민의 권리와 정부의 책임: 모든 사람은 안전하게 살아갈 권리를 가지며, 안전한 사회를 만들기 위해 참여할 권리를 가진다. 모든 사람은 위험을 알고, 줄이고, 피할 권리가 있으며 이를 보장할 일차적 책임은 정부에 있다.

—

**4월16일의약속국민연대, 존엄과 안전에 관한 4·16 인권선언 제4조**

인간이 지닌 '천부의' 자유는, 지상의 그 어떤 절대 권력도 인정하지 않고, 그 어떤 종류의 법적인 권위에도 복속되지 않으며, 오직 자연의 법칙에 따르는 것을 의미한다.

'사회 속에서의' 자유는, 한 특정 권력자의 불안정하고 불확실하며 제멋대로인 의지나 변덕에 지배되는 것이 아니라 공동체의 합의에 의해 구축된 합법적 법질서하에 놓이는 것을 의미한다.

—

**루이 드 조쿠르, 『백과전서』의 「노예」 중에서**

비정치적인 내적 자유에 대한 개념이 우리가 생각하는 방식에 끼친 막대한 영향에도 불구하고, 세상 속에서 분명히 실재하는 현실로서의 자유를 한 번도 경험해 보지 않은 한, 인간은 내적 자유에 관해 아무것도 모른다고 단언할 수 있을 듯하다. 우리는 우리 자신과의 관계가 아니라, 타인과의 관계 속에서 처음으로 자유 혹은 그 반대의 상태를 자각하게 된다. 자유는, 생각의 속성이거나 의지의 특성이기 이전에, 자유인이라는 사회적 지위에 수반되는 것이며, 한 사람이 자유롭게 이동하고 집을 떠나 세상 어딘가로 가서 말과 행위를 통해 다른 사람들과 만날 수 있게 하는 것을 의미한다.

—

**한나 아렌트, 『과거와 미래 사이』의 「자유란 무엇인가?」 중에서**

## 제4조

어떤 사람도 노예가 되거나

예속된 상태에 놓이지 않는다.

모든 형태의 노예제도와

노예 계약은 금지된다.

그림_ 마엘 구르믈랑

우리는 날마다 우리 중에 노예가 있었으면 좋겠다는 말을 듣는다. 이 생각에 대해 제대로 판단하려면, 부유하고 향락적인 소수의 무리에게 노예가 유익한지 여부를 따져서는 안 된다. 물론 그들에게 노예의 존재는 유익할 것이다.

그러나 다른 관점에서 보자면, 누가 노예가 되고 누가 자유로운 신분이 될지를 정하는 추첨에 참여하고 싶어 하는 사람은 아무도 없을 것이다. 노예제도를 자주 언급하며 옹호하던 사람이라도 두려워할 것이고, 궁핍한 계층의 사람들은 특히 두려움에 떨 것이다. 노예제도를 요구하는 외침은 그러므로, 소수만의 사치와 향락을 부르짖는 외침이며, 전체의 이익을 위한 애정 어린 외침이 결코 아니다.

사실 어느 누가 부와 명예를 누리고 다른 사람의 생애까지 누리는 것을 기꺼워하지 않겠는가? 이 문제에 있어서, 그 욕망이 정당한 것인지 알고 싶다면 모든 이들의 욕망을 낱낱이 살펴볼 필요가 있다.

—

**몽테스키외, 『법의 정신』 중에서**


한 인간을 노예로 전락시켜, 그를 사고팔고, 예속된 상태에 두는 것은 도둑질보다 훨씬 질 나쁜 범죄라 할 수 있다. 사람들은 노예가 가진 것을 송두리째 박탈한다. 그가 소유한 토지나 물건뿐 아니라 그것들을 획득할 수 있는 그의 능력과 시간, 그가 자신의 삶을 유지하거나 필요를 충족시킬 수 있도록 자연이 부여한 모든 것을 모조리 빼앗아 버린다. 이러한 죄와 더불어, 노예가 자신의 인격을 가질 권리를 빼앗는 죄악까지 저지른다.

**니콜라 드 콩도르세, 『흑인 노예에 대한 고찰』 중에서**

자유를 포기하는 것은 인간으로서 지닌 자격을 포기하는 것이고, 인간으로서 지닌 권리를 포기하는 것이며, 인간으로서 지닌 의무를 포기하는 것이기도 하다. 이 모든 것을 포기하는 사람에게 보상해 줄 수 있는 것은 없다. 자유의 포기는 인간의 본성과 양립할 수 없으며, 인간의 의지에서 자유를 모두 제거한다는 것은, 인간의 행동에서 도덕성을 모두 걷어 내는 것을 의미한다.

—

**장자크 루소, 「사회계약론」 중에서**

모든 노예들은 자신의 손에 쇠사슬을 끊어 낼 힘을 가지고 있다.

—

**윌리엄 셰익스피어, 「줄리어스 시저」 중에서**

제5조

어느 누구도 고문이나

잔혹하고 비인도적이고

모욕적인 대우 또는 형벌을

받아서는 안 된다.

그림_ 뤼뤼 다르디스

형벌이 가벼워지는 것은 대단히 중차대하고 의미 있는 진보이다. 18세기에는 고문제를 폐지하면서 영광의 일부를 이루었고, 19세기에는 마침내 사형제가 폐지될 것이다.

—

**빅토르 위고, 1848년 제헌의회 연설 중에서**


고문은 살인을 가장한 협박이다. 이대로 가면 죽을 것 같은 공포 심리 상태로 인간을 몰아넣는 과정이다. 죽지 않으면서 죽음으로 가고 있다는 공포심을 자아내는 것이 고문관의 기술이다. 죽임은 고문의 실패작이다. (…) 박종철은 고문받다 죽은 고문치사가 아니다. 엄밀히 말하자면 고문에 대한 항거 속에서 죽음을 선택한 고문저항사였다.

—

**황광우, 「젊음이여, 오래 거기 남아 있거라」 (창비 펴냄) 중에서**


이 협약의 목적상 '고문'이라 함은 공무원이나 그 밖의 공무 수행자가 직접 또는 이들의 교사·동의·묵인 아래, 어떤 개인이나 제3자로부터 정보나 자백을 얻어 내기 위해, 개인이나 제3자가 실행하였거나 실행한 혐의가 있는 행위를 처벌하기 위해, 협박이나 강요를 위해, 또는 모든 종류의 차별에 기초한 이유로 개인에게 고의로 극심한 신체적·정신적 고통을 가하는 행위를 말한다. 다만, 합법적 제재 조치로부터 초래되거나, 그에 내재하거나 그에 부수되는 고통은 고문에 포함되지 않는다.

—

**유엔 고문방지협약• 제1조**


• **유엔 고문방지협약:** 1984년 유엔총회에서 채택된 조약으로 정식 명칭은 '고문 및 그 밖의 잔혹한, 비인도적인 또는 굴욕적인 대우나 처벌의 방지에 관한 협약'이다. 한국은 1995년에 가입하였다.

아니다. 고문은 시민적이지도, 군사적이지도 않으며, 특별히 프랑스적이지도 않다. 고문은 시대 전체를 초토화시키는 매독과도 같은 것이다.

—

**장폴 사르트르**


이 재판은 거꾸로 된 재판입니다. 여기에 묶여 서서 재판받아야 할 것은 이 연약하고 순결무구한 처녀가 아니라 (…) 우리 사회의 법질서와 인권과 인륜도덕을 그 근본에 이르기까지 남김없이 유린하고 우리로 하여금 인간성에 대한 마지막 신뢰마저도 지닐 수 없게 만든 극악 극흉한 (…) 문귀동 바로 그 사람인 것입니다. (…) 권 양은 우리에게 '진실에의 비밀은 용기뿐'이라는 교훈을 온몸으로 가르쳐 주었습니다.

—

**조영래, 「부천서 성고문 사건 변론 요지서」 중에서**


시민들을 향한 보복 행위나 고문은 우리 모두 함께 연대하여 저항해야 할 범죄 행위이다. 이러한 일들이 어찌 우리 사이에서 자행될 수 있단 말인가. 이는 우리 모두가 맞서 싸워야 하는, 인류에 대한 모욕이다. 우선 고문이라는 방법이 얼마나 효율적인지 설득하기 위하여 동원되어 왔던 모든 정당화 논리를 거부해야 한다. 우리가 고문의 효율성을 간접적으로라도 인정하는 순간, 더 이상 규칙도 가치도 없어지게 되고, 모든 동기가 균일한 가치를 지니게 되며, 목적도 원칙도 없는 전쟁이 허무주의의 승리를 위한 제물로 바쳐지게 된다. 그리된다면, 좋든 싫든 간에 우리는 폭력만이 유일한 원칙이 되는 약육강식의 정글로 돌아가게 되는 것이다.

—

**알베르 카뮈, 「시사평론 Ⅲ-알제리 연대기」의 서문에서**

## 제6조

모든 사람은

어느 곳에서나

법인격*을 인정받을

권리를 가진다.

• **법인격**: 권리와 의무가 주어지는 법률상의 인격. 법인격은 자연인('사람'을 뜻하는 법률 용어)과 법인(법률상 권리와 의무의 주체로 인정받는 단체 또는 재산)에게 있다.

그림_ 알렉상드르 퓌빌랑

'법인격'이란 무엇인가?
법인격은 선거권, 표현의 자유, 근거 없이 경찰에 체포당하지 않고 자유롭게 이동할 권리 같은, 시민으로서의 권리를 가질 자격을 말한다. 세상의 많은 사람들이 여전히 이러한 기본적 권리를 누리지 못한다. 프랑스의 경우, 1944년에야 뒤늦게 여성들이 선거권을 가질 수 있었다. 프랑스의 여성 참정권 부여는 조지아, 몽골보다 더 늦었으며 유럽에서도 가장 늦은 축이었다.
(…) 또한 법인격을 인정받는다는 것은 흔히 '사회적' 권리로 일컫는 권리, 즉 치료받을 권리(의료권), 학교에 갈 권리(교육권), 일할 권리(노동권), 은퇴 후 연금을 받을 권리 등을 갖는 것을 말한다.
(…) 우리는 바로 여기서 지상의 모든 인류가 실은, 동등한 권리를 갖고 있지 못하다는 사실을 알 수 있다. 이 같은 법인격조차 가지지 못한 사람들이 있기 때문이다. 인권선언의 원칙이 지구촌 전체의 원칙이 될 수 있도록 하기 위하여 우리에게는 아직 해야 할 일들이 많이 남아 있다.

—

**에블린 시르마랭, 「인정된 법인격」 중에서**

인간 사회에서 법은 순수한 정신이 펼쳐지는 영역이 아니다. 법의 어떤 면도 천사처럼 순결하지 않다. 법의 주체는 언제나, 태어나면서부터 법인격을 부여받는 '인간'이기 때문이다.

—

**제라르 코르뉘**

완전한 지배 체제로 가기 위한 핵심적인 첫 단계는 사람에서 법인격을 죽이는 것이다.

—

**한나 아렌트, 「전체주의의 기원」 중에서**

## 제7조

모든 사람은 법 앞에 평등하고

어떠한 차별도 없이

법의 평등한 보호를 받을 권리를 가진다.

모든 사람은 이 선언을 위반하는

모든 차별로부터, 그리고

그러한 차별을 선동하는 모든 행위로부터

평등하게 보호받을 권리가 있다.

그림_ 카롤린 피오송

법이란 무엇인가? 그것은 평등이다. (…) 법은 동전 한 닢을 손에 쥐고 진열대의 물건을 뚫어져라 바라보는 아이가 가장 교활한 상점 주인과 대등한 위치에 서도록 하는 것이다. (…) 힘 있는 자들이 힘을 행사하도록 내버려 둔다면, 아이는 틀림없이 상인에게 속아 넘어가고 말 것이다. 상인은 아이가 손에 쥔 돈을 완력으로 빼앗지 않더라도, 아이가 자신의 오래된 5상팀짜리 동전을 상인의 반짝이는 1상팀짜리와 교환해야 할 것처럼 믿게 할 수 있을 것이다. 이러한 경우에 대비하여 법이 만들어졌다. 정당한 법이란, 남자와 여자, 아이, 아픈 사람, 못 배운 사람들이 모두 평등한 대우를 받도록 하는 것이다. 불평등이 자연의 섭리라고 말하는 자들은 정신의 빈곤을 드러낼 뿐이다.

—

**알랭, 「권력에 대하여: 정치 윤리의 요소들」의 「평등」 중에서**

당신들은 힘의 구조를 갖고 있다. 당신들의 정부는 피라미드 형태로 이루어져 있다. 그러나 이 땅에 살아온 원주민인 우리에게는 정부라는 것이 언제나 하나의 원으로 이루어져 있었다. 결코 계급 구조라는 것이 없었다. 따라서 우리는 언제 어디서나 서로를 평등한 존재로 깨닫고 있었으며, 어느 누구도 다른 사람보다 높거나 낮다고 생각해 본 적이 없었다. 직업이 무엇이고 하는 일이 무엇인가는 전혀 중요하지 않았다. 내가 추장이라고 해서 다른 사람보다 위대할 게 하나도 없었으며, 나 스스로도 그것을 알고 있었다. 그것은 단지 하나의 위치일 뿐이었다.

—

**느린 거북, 「나는 왜 너가 아니고 나인가」 (인디언 연설문집, 류시화 엮음, 더숲 펴냄) 중에서**

법과 법률, 이 두 가지 힘의 합의에 의해 질서가 생겨나고, 이 둘이 대립하면 재앙이 탄생한다. 법은 진실의 정점을 말하고 명하며, 법률은 밑바닥에서 현실에 대응한다. 법은 정의 속에서 움직이고, 법률은 가능성 속에서 움직인다. 법은 신성한 것이고, 법률은 세속의 것이다. 그리하여 자유는 법이며, 사회는 법률이다. 이렇게 두 개의 연단이 생겨난다. 하나는 사람들의 생각에 관한 연단이며, 또 하나는 사람들의 행동에 관한 연단이다. 전자는 절대적이며, 후자는 상대적이다. 이 두 개의 연단 중 첫 번째 연단은 필요한 것이고, 두 번째 연단은 유용한 것이다. 전자로부터 후자로 이어지는 사이, 의식의 변동이 생겨난다. 이 두 가지 힘 사이에서 조화를 이루는 것은 좀처럼 가능하지 않다. 전자는 불변의 것인 반면, 후자는 변화무쌍하다. 전자가 차분하다면 후자는 열정적이다. 법률은 법으로부터 나오지만, 법과 법률은 끊임없이 서로 문제를 제기한다. 종종 실천은 규칙을 위배하고, 결론은 원칙을 배반하며, 결과는 원인을 따르지 않는다. 이것이 바로 인간이 지닌 운명이다.

—

**빅토르 위고, 「법과 법률」 중에서**


서로 다른 두 개념이 혼동되고 있다. 바로 정체성과 평등이다. 정체성이 각 개인의 신체적 특징이나 정신세계를 일컫는다면, 평등은 그들이 갖는 사회적·법률적 권리로 결정된다. 정체성이 생물학과 교육의 영역이라면, 평등은 윤리와 정치의 영역이다. 평등은 생물학적 개념이 아니다. 우리는 두 개의 분자 혹은 두 개의 세포가 평등하다고는 말하지 않는다.

—

**프랑수아 자코브, 「가능성의 놀이: 생명체의 다양성에 관한 에세이」 중에서**

제8조

모든 사람은

헌법 또는 법률이 보장하는 기본권을

침해하는 행위에 대하여

해당 국가의 법원에서

실효성 있는 법적 구제를

받을 권리가 있다.

그림_ 시릴 베르탱

권리는, 인간이 주관적 존재로서 혹은 사회 및 사회 구성원과 맺고 있는 관계의 맥락 속에서 드러나는 인격의 양상이며 표명이다. 헌법의 보장은 엄밀한 의미에서 이러한 권리를 보호하는 절차다.

—

**후이 바르보자, 「공화국의 헌법에 관한 논평」 중에서**

자유의 첫 번째 조건은, 모든 공직자들이, 시민들 앞에서 똑같은 법률에 따라, 그들이 공무를 수행하는 동안 행한 모든 행위에 책임지는 것입니다.

—

**프리드리히 엥겔스, 아우구스트 베벨에게 보낸 편지 중에서**

한 인격체를 대할 때, 그 인격체가 당신 자신이건, 타인이건, 언제나 목적으로 대하라. 결코 한낱 수단으로 대하지 말라.
(…) 인간은 그 자체로 존엄한 존재다. 인간은 어떤 인간에 의해서도, 타인뿐 아니라 자기 자신에 의해서도 수단으로 이용될 수 없고, 언제나 목적으로 대해져야 한다. 바로 이 점에 의해 인간의 존엄성(인격)이 구체적으로 성립되기 때문이다. 그로 인하여 인간은 수단으로 이용될 수 있는 세상의 모든 다른 존재들과 구분되며, 결과적으로 모든 것을 초월하는 존재다.

—

**이마누엘 칸트, 「윤리형이상학」 중에서**

인권은 종교로부터 인간을 해방시키는 것이 아니라, 종교의 자유를 인간에게 전한다. 인권은 사유재산으로부터 인간을 해방시키는 것이 아니라, 사유재산에 대한 자유로운 권리를 인간에게 부여하며, 비천한 밥벌이로부터 인간을 해방시키는 것이 아니라, 직업의 자유를 인간에게 제공한다.

—

**카를 마르크스·프리드리히 엥겔스, 「신성 가족: 비판적 비판에 대한 비판-브루노 바우어에 대한 반박문」 중에서**

제9조

누구도

임의적인 체포, 구금,

추방의 대상이 되어서는

안 된다.

그림_ 루이 토마

재판은 끝났습니다. 프랑스는 자신의 얼굴에 오점을 남겼고, 역사는 이 같은 사회적 범죄가 당신의 대통령 임기 중에 저질러졌음을 기록할 것입니다.
저들이 감히 그렇게 하였으니, 나 또한 감히 이렇게 진실을 말하겠습니다. 정식으로 재판을 담당한 사법부가 진실을 온전히, 분명하게 말하지 않는다면, 내가 진실을 밝히겠노라고 약속했기 때문입니다. 나의 의무는 말하는 것입니다. 나는 역사의 공모자가 되길 원치 않습니다. 내가 공모자가 된다면, 가장 끔찍한 고문을 받으며 자신이 저지르지 않은 죄의 대가를 치르고 있는 저 무고한 자의 유령이 밤마다 찾아와 나를 괴롭힐 것이기 때문입니다.
대통령님, 나는 한 교양인으로서, 내 모든 분노를 담아 당신을 향해 진실을 외치겠습니다. 친애하는 대통령님, 나는 당신이 이 진실을 외면하지 않으리라고 확신합니다. 최고 행정관인 당신이 아니라면, 내가 누구에게 범죄를 저지른 악한 무리들을 고발하겠습니까?

**에밀 졸라, 「나는 고발한다! 프랑스 공화국 대통령에게 보내는 편지」,** 중에서

• **「나는 고발한다! 프랑스 공화국 대통령에게 보내는 편지」:** 1898년 에밀 졸라가 '드레퓌스 사건'의 진실 규명을 촉구하고자 신문 1면에 발표한 글. 간첩 누명을 쓰고 투옥된 유대인 드레퓌스 대위의 무죄를 주장하고 군부의 부당함을 고발하는 내용으로, 대통령에게 보내는 편지 형식이다. 에밀 졸라의 공개 편지는 드레퓌스 대위에 대한 전 사회적 재심 운동, 그리고 무죄 선고를 이끌어 냈다.

그들은 그렇게 감옥에 갇힌 사람들과 추방당한 사람들의 깊은 고통을 경험했다. 그것은 아무 소용도 없는 기억만을 가지고 살아가는 삶이었다. 그들이 끊임없이 떠올리는 과거마저도 씁쓸한 후회로 가득했다.

—

**알베르 카뮈, 「페스트」 중에서**

추방, 그것은 법의 치부이다. 그보다 더 끔찍한 것은 없다. 누구에게 그러한가? 추방당하는 자에게? 아니다. 그 끔찍함은 바로 추방을 명하는 자의 몫이다. 고통은 형 집행자에게 되돌아가 그를 물어뜯는다.

(…) 한 시절의 절대 권력자들이 어떤 짓을 저지르든, 불변의 밑바닥 감정은 그들에게 저항한다. 권력자들은 단지 표면적 확신만 가질 뿐, 그 표면 아래는 사상가들의 영역에 속한다. 당신이 한 인간을 추방한다. 좋다. 그럼, 그다음엔? 당신은 나무 한 그루를 뽑아낼 순 있다. 그러나 하늘로부터 태양을 빼앗을 순 없다. 내일의 여명이 세상을 비출 것이다.

—

**빅토르 위고, 「추방 일기: 말과 행동」의 「추방이란 무엇인가」 중에서**

---
제10조
---

모든 사람은

자신의 권리와 의무,

자신에게 씌워진 형사상 혐의에 대해

독립적이고 공평한 법정에서

공정하고 공개적인 재판을 받을

평등한 권리를 가진다.

그림_ 뢰노

형법이 범죄가 갖는 고유한 본질로부터 저마다의 형벌을 끌어낼 수 있을 때, 자유는 승리한다. 이때 모든 독단이 멈춘다. 형벌이 법관의 변덕에서 나오는 것이 아니라 범죄의 본질에서 도출될 때, 더 이상 사람이 사람에게 폭력을 저지르는 것이 아니게 된다.

—

**몽테스키외, 『법의 정신』 중에서**

한 나라 백성들에게 독재자보다 더 해로운 것은 없지. 그런 정치 체제하에서는 모두를 위해 만들어진 법이 있을 수 없다네. 한 사람이 군림하고, 법은 바로 그의 것일 뿐이니. 따라서 평등은 있을 수 없는 거지. 하지만 성문법이 작동하는 나라에서는, 가난한 자와 부자 모두 동등한 권리를 가지게 된다네. 약한 자는 강한 자의 모욕에 대적할 수 있고, 아이도 옳다면 어른을 이길 수 있지. 자유가 뭐냐 묻는다면 바로 이런 것이라네.

—

**에우리피데스, 『탄원하는 여인들』 중에서**

백성은 나라의 근본이며, 근본이
튼튼해야 나라가 편안할 것입니다.
무릇 법을 세움에 있어 법을 세웠다가
바로 없애어 일관된 정책을 펼치지
않는다면 어떻게 백성에게 믿음을 얻을
수 있겠습니까?

—

**황희, 「세종실록」 83권, 세종 20년 10월 26일**

힘은 자동으로 정의를 만들어 내는
기계가 아니다. 힘은 정당한 결과나
부당한 결과가 무작위로 나오게 하는
눈먼 메커니즘이지만, 확률로 따지자면,
거의 대부분의 경우 부당한 결과를
도출한다. 시간의 흐름에 기대할 것은
없다. 세월이 흐른다 해도 이 메커니즘을
통해 우연히 정의에 부합하는 결과가
나올 확률은 높아지지 않는다.
힘이 절대적 지배력을 갖는다면, 정의는
완전한 비현실이 되어 버린다. 그러나
정의는 비현실이 아니다. 우리는
경험으로 그 사실을 알고 있다. 정의는
사람들의 가슴속 깊은 곳에 실재한다.
사람의 마음 구조는, 하나의 별이 그리는
궤적처럼, 이 우주 안에 존재하는 명백한
하나의 현실이다.

—

**시몬 베유, 「뿌리내림-인간에 대한 의무 선언의
서곡」 중에서**

## 제11조

1. 범죄 혐의로 고발당한 모든 사람은,
자신의 변호를 위하여 필요한 모든 것이 보장되는
공개된 재판에서
법률에 따라 유죄로 입증될 때까지
무죄로 추정받을 권리를 가진다.
2. 누구도 행위 당시의 국내법 또는
국제법상으로 범죄에 해당하지 않는 일을
행했다면 유죄 판결을 받지 않는다.
또한 범죄가 행해진 때에
적용될 수 있었던 형벌보다 무거운 형벌을
적용받지 않는다.

그림_ 실뱅 프레콩
*그림 속의 말: 찰칵 찰칵 찰칵
저는 결백합니다.

TCHAK
TCHAC
TCHIK
FLASH
CLIC
TCHAC
TCHIC
CLIC
CLAC
FLASH
TSHAC
FLASH
TCHAK
Je suis innocent!
TCHIC
CLIC
POLICE
-FRÉCON-

고요가 순임금에게 말하기를,
"임금께서는 신하들을 명료한 원칙으로 이끌고, 백성들은 관용으로 다스리셨습니다. 형벌은 자손에게 미치지 않게 하고, 보상은 자손들에게까지 이르게 하셨습니다. 그 정도가 어떠하든 실수로 저지른 과오들은 용서하셨으며, 의도적 범죄는 그 경중을 가리지 않고 벌하셨습니다. 죄가 분명하지 않으면 가볍게 형벌하고 공이 있으면 그 경중이 분명치 않아도 후하게 포상하셨지요. 죄 없는 사람을 죽이기보다는 차라리 하나의 위법에 눈감는 편이 낫다고 하셨습니다."

—

『서경』의 「대우모」 편 중에서

형벌이 적당하지 못하여 백성이 원망을 머금고 억울함을 가지고 원통함을 풀지 못하면 천지의 화기를 상하게 하고 수재와 한재를 부르게 된다.
(…) 형벌로 죽은 자는 살아날 수 없고, 수족이 끊어진 자는 다시 이을 수가 없으니 한번 실수하면 진실로 후회한들 다시 돌이킬 수 없다.

—

**세종, 『세종실록』 52권, 세종 13년 6월 2일**

먼저 재판을 하라. 목을 매다는 것은 그다음이다.

—

**루마니아 속담**


어머니의 배 속에 있는 식물 상태의 인간, 그리고 유년기의 순수한 동물 상태의 인간이 성숙한 이성을 가진 존재로 성장하는 데까지 20여 년이 걸린다. 이런 인간의 구조를 조금이나마 파악하는 데 30세기의 세월이 걸렸다. 인간의 영혼에 대해 무언가 알아내는 데에는 영원한 시간이 소요될 것이다. 그러나 인간을 죽이는 데에는 한순간이면 충분하다.

—

**볼테르, 『철학사전』 중에서**


법관의 판결이 내려지기 전까진 누구도 법을 어겼다 할 수 없다. 한 사람이 사회 안에서 합의된 원칙을 위배했다는 사실이 확인되지 않은 한, 사회는 그에게서 공적 보호를 박탈할 수 없다. 한 시민이 유죄인지 결백한지에 대한 의심이 여전히 남아 있는데도 법관이 그에게 형벌을 내릴 수 있다면, 그것이야말로 힘의 논리가 아니고 무엇이란 말인가?

(…) 범죄 사실은 확실하거나 불확실한 것, 둘 중 하나일 뿐이다. 범죄 사실이 확실하다면, 법률에 의해 규정된 형벌만을 내려야 한다. 이럴 경우 범죄자의 자백이 더 이상 필요하지 않기 때문에 고문은 불필요하다. 범죄 사실이 불확실한 경우 역시 고문을 해서는 안 된다. 법에 따르면, 범죄 사실이 입증되지 않은 사람은 결백한 사람이기 때문이다.

—

**체사레 베카리아, 『범죄와 형벌』 중에서**

## 제12조

어느 누구도 자신의 사생활,

가족, 주거 또는 통신에 대해

임의로 간섭받지 않으며

자신의 명예와 평판을

침해받지 않는다.

모든 사람은

그러한 간섭과 침해로부터

법의 보호를 받을 권리가 있다.

그림_ 세바스티앵 무랭

모든 국민은 주거의 자유를 침해받지 아니한다. 주거에 대한 압수나 수색을 할 때에는 검사의 신청에 의하여 법관이 발부한 영장을 제시하여야 한다.

—

**대한민국헌법 제16조**

피고인들은 명령을 수행하기 위해 사람들의 집에 강제로 들어가고, 책상을 부수고, 서류를 압수하는 등의 행동을 할 권리가 있다고 주장한다. 압수한 물품의 대장을 만들 필요도 없고 대상자의 이름조차 명시되지 않은 단순한 명령이, 피고인에게 의심스러운 모든 사람들의 가택을 압수 수색할 재량권을 부여한다는 것이다. 진정으로 한 국가의 국무장관이 이러한 수준의 권력을 누릴 수 있다면, 그리고 부하들에게 그 권한을 위임할 수 있다면, 그 나라 모든 시민들은 자신의 신변과 재산에 위협을 느낄 것이며, 이는 시민의 자유를 전적으로 침해하는 것이다.

—

**윌크스 사건•의 판결문 중에서**

• **윌크스 사건**: 1763년 영국의 정치인 존 윌크스는 국왕 조지 3세의 연설을 비판했다는 이유로 구금되었고, 시민들이 거세게 항의하여 즉시 석방되었다. 이후 윌크스는 자신을 체포한 사람들을 무단침입 죄로 고소했는데, '윌크스 사건'은 이 고소 사건을 말한다.

허락을 받고 집안 식구들에게 인사를 하기 전까지는, 너희 집이 아닌 집에 들어가지 말라. 그것이 너희에게 복이 되리니, 너희가 교훈으로 삼으라.

—

**「코란」 24장 「빛의 장」의 27절**

사생활과 가족생활을 존중받을 권리
1. 모든 사람은 자신의 사생활과 가족생활, 주거와 통신에 대해 존중받을 권리가 있다.
2. 이 권리의 행사에 있어서, 법률에 합치되고 국가 안보, 공공의 안전, 국가의 경제적 복리, 질서 유지와 범죄의 방지, 공중 보건과 윤리의 수호 또는 타인의 권리와 자유를 보호하기 위해 민주 사회에서 필요한 경우 이외에는 공권력이 개입할 수 없다.

—

**유럽인권보호조약 제8조**

## 제13조

1. 모든 사람은
자국의 영토 내에서 어디로든
자유롭게 이동할 수 있고
자신의 거주지를 자유롭게
선택할 권리를 가진다.
2. 모든 사람은
자국을 포함한 모든 나라를
떠날 권리가 있으며,
또한 자국으로 다시
돌아갈 권리를 가진다.

그림_ 마르크 부타방

나는 산책을 할 때조차 감옥 가까이 가 본 적이 없다. 밖에서 감옥을 들여다보는 상상만으로도 불쾌하다. 자유는 내게 소중한 가치여서, 누군가 내게 인도의 어느 도시에 가는 것을 금지한다면 나는 그만큼 불편함을 느끼며 살아갈 것이다. 다른 개방된 땅과 공기를 찾을 수 있는 한, 나는 숨어 지내야 하는 곳에 오래 머무르지 않을 것이다.
오, 세상에! 법률을 지키지 않았다는 이유로 다른 도시에 가지도 못하고 이 왕국의 한구석에 박혀서 살아가는 저 많은 사람들처럼 지내야 한다면, 그것은 얼마나 견디기 힘든 일일까! 내가 지켜 온 법률이 나를 아주 조금이라도 위협한다면, 나는 당장 어디로라도 다른 법률을 찾아 떠날 것이다.

—

**미셸 드 몽테뉴, 『수상록』 제3권의 「경험에 대하여」 중에서**

여행이 사람의 판단력을 형성하고 더욱 성숙하게 완성한다고 보면, 사람은 옮겨 심어진 후에 더 좋은 과실을 맺는 식물들과 같은 존재라고 할 수 있다.

—

**프랑수아자크 드셍**


어떤 이들은 자신이 여행을 한다고 믿지만, 실은 여행이 그들을 만들거나 해체하는 것이다.

—

**니콜라 부비에, 『세상의 용도』 중에서**

2001년 1월 22일, 오이도역에서 장애인이 지하철리프트를 타다가 떨어져 사망한 사건이 있습니다. (…) 그 당시 보건복지부가 조사한 통계에 의하면 장애인 인구의 70.5%가 한 달에 다섯 번도 외출하지 못했습니다. 그 이유는 대중교통을 이용할 수 없었기 때문에, 거리의 턱 때문에, 그리고 혼자서 움직일 수 없는 중증장애인들을 지원할 수 있는 제도가 없었기 때문이었습니다.
(…) 그래서 우리는 모든 지하철 역사에 엘리베이터 설치를 요구했습니다. 버스도 같이 탈 수 있도록 계단이 없는 저상버스를 도입할 것을 끊임없이 요구했습니다. 그리고 마침내 우리는 '교통약자 이동편의 증진법'을 만들어서 제3조에 '이동권'이라는 권리를 명시할 수 있었습니다.
(…) 모든 국민은 차별받지 말아야 합니다. 장애인과 가난한 사람들도 인간답게 살아갈 권리가 있고, 그것은 개인과 가족의 책임이 아니라 국가의 책임입니다.

—

**박경석, 2018년 1월 최후 변론 중에서**


빌보르데에 살고 있으면서 홍콩으로 가 살고 싶어 하는 사람에게 가장 어려운 일은, 홍콩으로 가는 게 아니라, 빌보르데를 떠나는 것이다.

—

**자크 브렐**

**제14조**

1. 모든 사람은
박해에 직면하여 피난처를 찾을
권리가 있으며 다른 나라로부터
피난처를 제공받을 권리가 있다.
2. 이 권리는 비정치적 범죄
혹은 유엔의 목적과 원칙에
위배되는 행위로 인해
법의 소추를 당한 경우에는
적용되지 않는다.

그림_ 크네스

우리는 전쟁과 기아로 고통받고 죽음을 피해 삶의 희망을 찾아 나선 수만 명의 난민들이 겪는 비극을 목격하고 있습니다. 이 같은 비극 앞에서 복음은 우리에게 호소합니다. 가장 작고 버림받은 이들의 이웃이 되어, 그들에게 실질적인 희망을 전하라고.

—

**프란치스코 교황, 2015년 9월 연설 중에서**

한 나라의 헌법이 외국인들에게 안전한 피난처를 제공할 때, 그것은 그 나라가 각별한 호의를 베푸는 것도, 특별한 의지를 가지고 심사숙고해 결정한 행위도 아니다. 그것은 모든 나라에서 모두에게 주어지는 하나의 권리를 인정하는 것일 뿐이다. 따라서 그 권리를 위배하는 것은 인류 역사를 더럽혀 온 수많은 야만적 행위 중 하나가 될 것이다.

—

**도밍고 파우스티노 사르미엔토**

낭트칙령*의 철회가 만들어 낸, 맹목적이고 분별없는 종교적 열의가 프랑스 신교도들로 하여금 박해를 피해 다른 나라로 떠나게 했을 때, 사람들은 그들을 난민이라 불렀다. 이탈한 시민들은 다른 나라에 예술과 재능, 자원을 제공하여 프랑스에 위협을 가하기도 하였다. 참된 프랑스인이라면, 유능한 백성들을 잃음으로써 야기된 손실이 왕국에 심각한 상처를 초래한 것을 한탄하지 않을 수 없다. 그러나 부끄럽게도, 그 시대에는 정치와 이성의 관점에서 완전히 어리석거나 파렴치한 자들이 있었다. 가장 치명적인 사실은 최고 권력을 행사해야 마땅한 의회가 전혀 작동하지 않았다는 사실이다. 루이 14세는 신교도들을 박해하면서, 그의 왕국에서 100만 명에 이르는 성실한 백성들을 잃었다. 악의적인 몇몇 권력자들의 탐욕과 야심을 충족시키기 위해 신교도들을 희생시킨 것이다. 그들은 자유로운 사고의 적이다. 그들은 무지의 그늘에서만 군림할 수 있기 때문이다. 이 같은 박해자의 태도는 깨어 있는 정부에 의해 제압되어야 한다. 자신들과 의견이 다르다는 이유만으로 동시대 시민들의 양심을 끊임없이 뒤흔들어 놓는 방해꾼들을 엄벌에 처한다면, 모든 종파가 완벽한 조화 속에서 상생하는 것을 볼 수 있을 것이다.

—

**드니 디드로, 『백과전서』의 「난민」 중에서**

• **낭트칙령:** 1598년 앙리 4세가 공포한 칙령. 신교도에게도 신앙의 자유를 인정함으로써 당시 프랑스에서 심화되고 있었던 신교도·구교도 간 종교 갈등을 종식시켰다. 그러나 1685년 루이 14세가 이 칙령을 폐지함에 따라 많은 신교도들이 탄압을 피해 타국으로 망명했다.

**제15조**

1. 모든 사람은
국적을 가질 권리가 있다.
2. 누구도 임의로
자신의 국적을 박탈당하거나,
국적을 바꿀 권리를
박탈당하지 않는다.

그림_ 리오넬 리슈랑

날 때부터 정치적 난민이었던 나는 뿌리 뽑힌 존재로서 끔찍한 불편을 겪어야 했다. 뿌리 뽑히는 경험은 세계에 대한 시선을 확장시켜 주고, 인간에 대한 이해의 폭도 넓혀 주며, 숨 막히는 순응주의와 배타주의의 안개를 흩어지게 한다. 또한 보잘것없는 자기만족에 지나지 않는 애국주의적 만족감으로부터 나를 지켜 주기도 한다. 그러나 이런 현실적 혜택에도 불구하고, 뿌리 뽑힘은 실존을 위한 투쟁에서 하나의 심각한 악조건으로 작용한다. 나는 '무국적자'라고 하는 커다란 계급이 탄생하는 것을 보았다. 이들은 독재 정권으로부터 거부당하고 국적까지 인정받지 못하는 사람들을 의미한다. 생존의 권리에 대한 무국적자의 상황을 말하자면, 이들은 실질적으로 자신의 조국에 가장 강한 애착을 가진 사람들임에도, 그 처지는 중세 봉건사회에서 영주와 주종 관계를 맺지 않은 사람들과 견줄 만하다. 그들에게는 복종해야 할 영주만 없는 것이 아니라 권리도 없었고 심지어 생존을 보호받지도 못했다. 그들을 지칭하는 유일한 단어인 '무인가(sans aveu; 無認可; 영주와 주종 관계를 맺지 않은 사람)'는 일종의 모욕이 되었다.

—

**빅토르 세르주, 『한 혁명가의 회고록』 중에서**


시민권을 상실한다는 것은 자신이 속한 세계로부터 소속을 박탈당한다는 것이다.

—

**한나 아렌트, 『전체주의의 기원』 중에서**

뿌리 뽑힘은 인간 사회의 어떤 질병보다도 위험한 질병이다. 이것은 전염병처럼 스스로 증식하기 때문이다. 완전히 뿌리 뽑힌 사람들이 할 수 있는 행동은 대략 두 가지 정도다. 로마제국의 대부분의 노예들이 그랬던 것처럼 거의 죽은 것이나 다름없는 영혼의 무기력증에 빠지거나, 가장 난폭한 방법으로 다른 사람들을 완전히 뿌리 뽑는 일에 뛰어드는 것이다. 로마인들은 원래 작은 도시국가를 이루고 살던 한 줌의 탈주자들이었다. 로마인들은 지중해의 토착민들에게서 그들 고유의 생활양식과 조국, 전통과 역사까지 빼앗았으며, 후대 사람들이 그 지역 문명의 창시자는 로마인이라고 말하게 될 정도로 철저하게 토착민의 흔적을 없앴다. 히브리인들도 도망친 노예들이었다. 그들 역시 팔레스타인 사람들을 학살하거나 노예로 전락시켰다. 히틀러가 지배하던 당시의 독일은 뿌리 뽑힌 사람들의 나라였다. 1918년 패전의 치욕, 물가 인상, 급격한 산업화, 극심한 실업 위기 등은 독일인들에게 심각한 수준의 윤리적 질병을 가져다주었다.

—

**시몬 베유, 『뿌리내림―인간에 대한 의무 선언의 서곡』 중에서**

## 제16조

1. 성년에 이른 남녀는
인종, 국적 또는 종교에 따른
어떠한 제한도 받지 않고 결혼하여 가정을
이룰 권리를 가진다. 이들은 결혼 기간 동안
그리고 이혼으로 관계가 해체될 때에도
서로 동등한 권리를 지닌다.
2. 결혼은 오직 당사자 간의 자유롭고
완전한 합의에 의해서만 성립된다.
3. 가정은 사회의 자연적이고
기초적인 구성단위이며, 사회와 국가의
보호를 받을 권리를 가진다.

그림_ 모몽

배우자를 선택하고 자유로이 혼인할 수 있는 여성의 권리는 여성의 삶과 한 인간으로서의 여성의 존엄과 평등에 있어 핵심 요소이다. 당사국의 보고서를 검토해 보면 관습, 종교적 믿음 혹은 특정 인종 집단의 민족적 기원 등에 근거한 강제 결혼이나 강제 재혼을 허용하는 국가들이 존재하고 있음을 알 수 있다. 또 다른 국가들에서는 여성의 혼인이 금전의 지급이나 신분 상승을 위하여 계획되는 것이 허용되고, 한편으로 가난한 여성들은 재정적 안정을 위하여 외국인과 결혼하도록 강요받고 있다. 여성의 연령 혹은 상대 남성과의 친족관계 등의 근거에 따른 합리적 제한을 두고, 여성이 혼인 여부, 혼인 시점, 혼인 상대를 선택할 수 있는 권리는 법으로 보호되고 실행되어야만 한다.

—

**유엔 여성차별철폐위원회, '여성에 대한 모든 형태의 차별 철폐에 관한 협약' 당사국에 대한 일반권고 제21호 중에서**

사랑의 경험을 통해 자아가 자신의 신성한 근원에 뿌리내리게 될 때, 사랑은, 유혹의 차원을 넘어서, 결혼이라는 신실한 매개를 통해 초월적 인간에 이르는 방법이 됩니다.

—

**알랭 바디우, 『사랑 예찬』 중에서**

혼인과 가정생활과 관련된 권리를 규정한 세계인권선언 16조는 빈 구석이 많은 조항이다. 만들 당시에도 그랬지만 오늘날 많이 변화된 가족관과는 거리가 멀다.

(…) 누구를 가족이라 할 것이며, 가족과 사회의 관계를 어떻게 설정하느냐는 고정된 것이 아니라 우리가 언제나 만들고 보듬어야 하는 문제이다. 「떠오르는 인권에 대한 바르셀로나 헌장」이라는 것에서는 세계인권선언 제16조에 해당하는 내용을 다음과 같이 바꿔 쓰고 있다.

"모든 사람은 개인적 유대를 선택할 권리가 있다. 선택한 사람과 정서적으로 결합(결혼할 권리를 포함하여)할 개인의 권리를 인정한다. 모든 사람은 자신의 성적 지향성을 행사할 권리가 있으며 모든 유형의 자유롭게 동의한 개인적 유대는 어떠한 장애도 없이 동등한 보호를 받는다. 모든 가족 공동체는 보호받을 권리가 있다. 모든 사람은 가족의 형태와 무관하게 교육과 자녀 양육과 관련하여 공공당국으로부터 가족 보호를 받을 권리를 가진다."

—

**류은숙, 「세계인권선언의 현재적 의미」 중에서**


두 개인 사이에서 조화는 결코 주어지지 않는다. 그것은 노력을 통해 쟁취되는 것이다.

—

**시몬 드 보부아르, 「나이의 힘」 중에서**

---
제17조
---

1. 모든 사람은 단독으로

혹은 타인과 공동으로

재산을 소유할 권리를 가진다.

2. 어느 누구도

자신의 재산을 임의로

박탈당하지 않는다.

---

그림_ 뤼크 데마르슐리에

참나무 아래에서 주운 도토리나 숲속 나무에서 딴 사과를 먹으며 살아온 사람은, 자신이 먹은 열매들을 자기 것으로 여겼을 것이다. 누구도 그 사실을 부정할 순 없다. 그렇다면 그는 언제 처음으로 그것들을 자기 것이라고 생각했을까? 그것들을 소화시켰을 때일까? 아니면 먹었을 때일까? 그것들을 삶았을 때일까? 아니면 집으로 가지고 갔을 때일까?

그가 그것들을 주웠을 때가 아닐까. 주워 모으는 노동이 그가 주워 모은 것들과 공유물을 구별해 준다. 노동을 통하여 자신이 주워 모은 것에 자연 상태 이상의 의미를 더하게 되는 것이다. 그렇게 그것들은 그의 사적 소유물이 된다.

누군가는 말할 것이다. 그가 만인의 공유물을 사적으로 소유하기 위해 온 인류의 동의를 구하지 않았으므로, 그는 도토리와 사과에 대해 어떤 권리도 없다고. 그러나 만약 그러한 동의가 필요했다면, 사물의 풍요에도 불구하고 인류는 일찌감치 굶어 죽었을 것이다. (…) 내 말이 먹은 풀, 내 하인이 캐낸 이탄, 내가 채굴한 광물 등 다른 모든 사람과 공유하는 어떤 장소에서 내가 취한 사물은 누군가의 양도나 동의 없이도 내 소유가 된다. 나에게 속하는 노동이, 그 사물들을 공동의 소유였던 상태에서 분리해 나의 소유가 되게 하는 것이다.

—

**존 로크, 「통치론」 중에서**

그 땅에서 처음으로 일을 한 자가 땅의 주인인가, 아니면 그 땅을 처음으로 차지하고 소유권을 표시한 자가 땅 주인인가. 이 문제가 법의 필요성을 처음으로 느끼게 하였다.

두 사람이 있다. 한 사람은 밭에 씨를 뿌리고, 다른 한 사람은 밭 주변에 고랑을 파서 자신의 영역임을 선언한다. 그들은 서로 상대에게 이렇게 말한다. 내 곡식이나 내 과일에 손대지 마시오. 나도 당신의 것에 손대지 않을 테니. 이렇게 하여 최초의 법률가들이 탄생하게 되었다.

—

**드니 디드로, 「대원칙에 대한 서론-어느 철학자의 수용」 중에서**

우리는 루저라고 불렸다. 하지만 진짜 루저들은 우리 돈 수천 억 달러를 날려 먹은, 지금 월가에 있는 저들 아닌가? 우리는 사회주의자라고 불린다. 하지만 이 나라에는 이미 부자들을 위한 사회주의가 존재하고 있지 않은가? 우리는 사유재산권을 존중하지 않는 사람이라고 불릴 것이다. 하지만 월가의 투기가 불러일으킨 2008년 금융 위기야말로 사람들이 힘들게 벌어 모은 사유재산을 다 날려 버리지 않았는가? 우리가 지금부터 밤낮으로 노력한다 해도 다 날려 버릴 수 없을 만큼의 어마어마한 사유재산을 말이다.

—

**슬라보예 지젝, 2011년 뉴욕 주코티공원에서의 연설 중에서**

**제18조**

모든 사람은

사상, 양심, 종교의 자유를 누릴

권리를 가진다. 이 권리는

자신의 종교 또는 신념을 바꿀 자유,

혼자서 혹은 다른 사람과 함께

가르침과 실천, 예배, 의식을 통해

공적으로나 사적으로

자신의 종교 또는 신념을 표현할

자유를 포함한다.

그림_ 알린 뷔로

공화국은 양심의 자유를 보장한다.
공화국은 공공의 질서가 유지되는 범위 내에서 (…) 종교 의식을 행할 자유를 보장한다.
공화국은 어떤 종교도 공식적으로 인정하지 않으며 재정을 지원하지 않는다.

—

**프랑스 정교분리법 제1조·제2조**

사회계약이 군주에게 부여하는 백성에 대한 권리는 공적 효용의 범위를 벗어나서는 안 된다. 따라서 백성들은 공동체 전체에 중요하게 관련된 경우에만 자신의 의견을 군주에게 알릴 의무가 있다.
한편, 국가로서는 각각의 시민이 자신의 의무를 사랑하게 해 주는 종교를 갖는 것이 유리하다. 그러나 종교의 교리는 오직 윤리의 영역에서, 종교를 믿는 자가 타인에게 지켜야 할 의무와 관련되는 부분에서만 시민들에게 관여할 뿐이다. 모든 시민은 자신의 의견을 가질 수 있으며, 군주가 이것을 알 필요는 없다. 군주는 내세에 관해 아무런 권한도 없으므로, 내세에서 시민들의 운명이 어떠하건 군주가 간여할 문제가 아닌 것이다.

—

**장자크 루소, 「사회계약론」 중에서**

교조적 신념은 정도의 차이가 있을 뿐 어느 시대에나 나타난다. 다양한 방식으로 발생하고, 그 형식과 목적을 달리하여 나타나기도 한다. 자세히 따지지 않고 맹목적 믿음에 근거하여 어떤 견해를 받아들이는 교조적 신앙이 사라진 적은 없었다.

만일 모든 사람이 자신만의 의견을 구축하고 홀로 개척한 길에서 진리를 탐구하려 한다면, 다수의 사람들이 공통의 신념에 의해서 결속되는 일은 없을 것이다. 그러나 공통의 신념 없이는 어떠한 사회도 번영할 수 없다. 그런 사회는 존속될 수 없다고 하는 편이 옳겠다. 하나의 사회가 구성되기 위해선, 한 걸음 더 나아가 그 사회가 번영하길 바란다면, 반드시 사회 구성원을 하나로 모으고 결집시킬 수 있는 근본적인 몇 가지 정신이 필요하다.

—

**알렉시 드 토크빌, 「아메리카의 민주주의」 중에서**

양심에 따른 병역거부자에게 대체복무의 기회를 제공하지 않고 병역법 제88조 제1항에 의거하여 형사처벌하는 것은 보편적 인권인 양심의 자유를 침해하는 것임을 확인한다.

(…) 양심적 병역거부는 전쟁 및 이에 수반하는 인간의 살상에 반대하기 때문에 병역의무를 이행할 수 없다는 병역거부자들의 종교관, 세계관, 가치관에 입각한 확고하고 진지한 거부로서, 우리 헌법 및 자유권규약에 비록 명시적으로 규정되지 않았다 하더라도 모든 사람에게 보장되는 보편적 인권인 양심의 자유에 해당한다.

—

**국가인권위원회, 「양심적 병역거부권 인정에 관한 헌법 소원에 대한 의견 제출」 중에서**

## 제19조

모든 사람은 의견을

자유롭게 표현할 권리를 가진다.

이 권리는 남의 간섭을 받지 않고

자신의 의견을 가질 자유,

국경에 구애받지 않고

모든 매체를 통하여

정보와 사상을 모색하며

전파할 자유를 포함한다.

그림_ 마르크 리자노·카롤 트레보르
*그림 속의 말: 나에겐 나를 표현할 권리가 있어요!

사상과 의견을 자유롭게 교환하는 것은 인간의 가장 소중한 권리 중 하나이다. 따라서 모든 시민은 자유롭게 말하고 글을 쓰고 출판할 수 있다. 단, 법에 규정된 자유의 범위를 벗어나 그 자유를 남용하는 경우, 그에 상응하는 책임을 져야 한다.

—

**프랑스인권선언 제11조**

헌법의 원칙 가운데 다른 무엇보다 우선적으로 부가 설명이 필요한 원칙이 있다면 그것은 사상의 자유라는 원칙이다. 그것은 우리가 동의하는 사상에 대한 자유가 아니라, 우리가 싫어하는 사상에 대한 자유를 가리킨다.

**올리버 웬델 홈스**

누구도 자신의 천부인권을, 즉 모든 것에 대해 자유롭게 사고하고 독자적으로 판단할 권리를 타인에게 양도할 수 없다. 또한 아무도 그렇게 하도록 강요할 수 없다. 이러한 까닭에 인간의 영혼에 간섭하려 하는 정부는 폭력으로 간주되는 것이다.

—

**바뤼흐 스피노자, 『신학정치론』 중에서**

한 사람을 제외한 모든 사람들이 같은 의견을 가진다고 해서, 그 한 사람에게 침묵을 강요할 권리가 생기는 것은 아니다. 그 한 사람이 막강한 권력자라고 해서 나머지 사람들에게 침묵을 강요할 수 없는 것과 마찬가지이다. 만일 어떤 의견이 사적인 영역의 것이어서 다른 사람들에게는 특별한 가치를 갖지 않는다면, 그 의견을 밝히지 못해서 생기는 피해는 개인적 차원에 머물 테지만, 어떤 의견이 표출되는 것을 막아서 전 인류가 피해를 입을 수도 있다. 현세의 사람이건 후세의 사람이건, 침묵당한 사람보다 침묵시킨 자들이 입는 피해가 더 크다. 그 의견이 옳다면 인류는 실수를 진리와 맞바꿀 기회를 상실하는 것이며, 그 의견이 틀렸다고 해도 인류는 진리가 실수와 충돌하면서 보다 선명하게 인식될 기회를 잃는 것이니 말이다.

―

**존 스튜어트 밀, 「자유론」 중에서**

기억하자. 나와 다른 의견을 가진 사람의 의견을 반박할 때, 논거를 들며 말하는 대신 힘과 압력을 행사하는 순간 관용이란 것은 사라지게 된다. 그렇다고 관용이 무관심은 아니다. 타인의 의견에 반박하는 걸 피하기 위해 나의 의견을 표현하지 않는 것은 관용이라 할 수 없다. 관용은, 생각을 표현하는 것 이외의 다른 모든 공격적인 방식을 거부하는 윤리적 조심성인 것이다.

**장프랑수아 르벨, 「반(反)검열」 중에서**

## 제20조

1. 모든 사람은

평화적 집회의 자유와

결사의 자유를 누릴 권리를 가진다.

2. 누구도 특정한 단체에

소속되도록 강요당하지 않는다.

그림_ 그레고리 블로

우리는 차별이 구조가 되어 버린 세계를 바꾸는 스스로의 능동적인 행동만이 존엄과 권리를 가져온다는 것을 잊지 않았다. 퍼레이드도 예외가 아니다. 우리는 광장에 모여 반짝이는 우리 존재를 드러낼 것이다. 무엇이 사회를 험악하게 만들었는지, 우리가 어떻게 험악한 세상을 살아 내고 있는지 말할 것이다.

(…) 일상에 산재하고 있는 차별을 드러내고 우리의 권리를 외칠 것이다. 모이고, 외치며, 행동할 것이다. 거리를 행진하며 성소수자로서, 여성으로서, 장애인으로서, 이주 노동자로서, 비정규직 노동자로서, 홈리스로서 모습을 드러내고 목소리 내는 것이 우리가 살아 내는 방식이자 생존하기 위한 행동임을 몸소 실천할 것이다.

**행동하는성소수자인권연대, 성명문 「2016년 퀴어 퍼레이드를 맞이하며」 중에서**

언론의 자유와 집회의 자유, 주거 불가침의 권리와 그 밖의 다른 모든 권리들은 오직 시민들이 그 권리를 특권계급에 저항하기 위해 사용하지 않을 때만 존중되고 있다. 그러나 시민들이 그들의 권리를 특권계급을 전복하기 위해 사용하는 날에는, 그 모든 자유가 바다에 던져지고 만다. 소위 정치적 자유란 것은 바로 이렇게 정의된다.

**표트르 크로폿킨, 『반란의 언어』 중에서**

각 구성원과 그들의 재산을 공동의
힘으로 지키고 보호하는 단체,
그 단체를 통해 각 개인이 전체와
결합하되, 자기 자신에게만 복종할 뿐
전과 다름없이 자유롭게 지낼 수 있는
그런 단체를 발견하는 것. 바로 이것이
모든 개인이 직면하는 근본적 숙제이며
사회계약이 그 해답을 제시한다.

—

**장자크 루소, 「사회계약론」 중에서**

'시민 단체', '진보', '자유', '평등', '박애'.
이 단어들은 사회 및 인류 대통합과
밀접한 관계가 있는 단어들이다. 시민과
인류에게 행복한 변화를 가져오는
숭고한 상징들이기도 하다. 자유는 평등
없이 실현될 수 없고, 평등은 유일한
목적인 '지속적인 진보'를 위한 시민
단체의 노력 없이, 혹은 그 '지속적인
진보'를 위해 온 힘을 기울이는 개인들의
도움 없이는 이루어질 수 없다. 이것이
19세기 철학의 기초를 형성하는
공식이다.

—

**에스테반 에체베리아, 「사회주의 교리」 중에서**

## 제21조

1. 모든 사람은 직접 혹은

자유롭게 선출한 대리인을 통하여 간접적으로

자기 나라의 국정에 참여할 권리를 가진다.

2. 모든 사람은 자국의 공직에서

일할 수 있는 평등한 권리를 가진다.

3. 국민의 의사는

통치 권력이 갖는 권위의 기초가 된다.

국민의 의사는 정기적으로 투명하게 시행되는

보통선거와 비밀투표 혹은 비밀투표만큼

자유를 보장하는 투표 절차에 따라

표명되어야 한다.

그림_ 쥘리앵 로시르

투표권이 시민 주권의 탁월한 도구이자 상징이라는 면에서, 점점 보편화되어 가는 보통선거는 근대 시민권의 의미를 보여 준다. 선거는 시민들이 대리인들을 선출하는 수단이며, 대리인들의 활동을 승인함으로써 정치 활동을 하는 통로이다. 선거는 폭력이 아니라 공통의 규칙과 토론, 합의를 통해 사회의 여러 조직들 간에 발생할 수 있는 갈등을 해결하는 데 기여한다.

—

**도미니크 슈나페르, 「시민권이란 무엇인가?」 중에서**

시민의 정치적 자유는 모든 것들 가운데 가장 신성한 것이고, 모든 노력의 가장 존엄한 목적이며, 모든 문화의 정점이다. 이 눈부신 축조물은, 기품 있는 단단한 기반 위에서만 세울 수 있다. 그러므로 시민들에게 헌법을 건네기 위해서는 그 전에 먼저 헌법을 건네받을 수 있는 시민 집단을 형성해야 한다.

—

**프리드리히 폰 실러, 「30년 전쟁의 역사」 중에서**


민주주의 최후의 보루는 깨어 있는 시민의 조직된 힘입니다.

—

**노무현**

모든 공권력은, 그 어떤 예외도 없이, 시민 일반 의지의 발현이다. 따라서 모든 권력은 민중, 즉 국민으로부터 나온다. 공권력과 시민 일반의 의지라는 두 용어는 동일한 뜻이어야 한다. 따라서 공적으로 권력을 위임받은 사람은, 그 지위가 무엇이든, 자신만의 고유한 권력이 아닌 모두의 권력을 사용하는 것이다. 그 권력은 단지 그에게 맡겨졌을 뿐이다. 그 권력이 양도될 수 없는 것은, 시민 일반의 의지가 양도될 수 없는 것이고, 민중이 양도될 수 없는 것이기 때문이다. 사고할 권리, 희망할 권리, 자신을 위하여 행동할 권리는 양도될 수 없다. 우리는 단지 그 권리를 우리가 신뢰하는 자들에게 위임하여 행사할 수 있도록 할 뿐이다. 그리고 이 신뢰는 반드시 자유를 기본 바탕으로 한다. 따라서 어느 공적인 지위를 한 사람이 소유할 수 있다고 믿는 것은 대단한 착각이다. 공권력을 실행한다는 것은 '권리'가 아니라 '의무'이다.

국가의 관료들이 시민들보다 더 가진 것이 있다면, 그것은 오직 더 많은 의무뿐이다.

—

**에마뉘엘조제프 시에예스, 1789년 프랑스인권선언 작성을 앞두고 한 국민의회 연설 중에서**

제22조

모든 사람은 사회의 일원으로서

사회보장을 받을 권리가 있다.

각국의 조직과 자원에 따른

국가적 노력과 국제적 협력에 의해

자신의 존엄과 인격의 자유로운 발전에

반드시 필요한 경제적·사회적·문화적인

권리를 실현할 수 있다.

그림_ 야스민 가토

사회보장은 한 개인과 그 가족이 품위를 유지하며 살 수 있게 생계유지 수단을 약속하는 사회적 보증이다. 사회보장은 사회적 정의의 실현을 위한 기초적 고민에서 그 정당성을 찾을 수 있으며, 노동자들이 미래에 대한 불안을 떨칠 수 있도록 하기 위한 현안에 부응한다. 미래에 대한 끊임없는 불안은 노동자들에게 열등감을 느끼게 한다. 뿐만 아니라, 자기 확신과 미래에 대한 확신을 가진 자본가계급과 빈곤의 위협에 직면한 노동자계급 간의 구별을 현실적으로 공고히 하여, 두 계급 사이에 뿌리 깊은 차별의 골을 형성한다.

—

**프랑스 비농민에게 적용되는 사회보험을 규정하는 1945년 10월 19일의 법률명령 중에서**

어느 한 집단이라도 경제성장의 열매를 분배받지 못한다면 결함이 있는 경제 발전이 된다. 따라서 모든 집단이 충분히 참여할 수 있는 균등한 기회를 보장하기 위해서는 기본 생활을 독자적으로 확보할 수 없는 사람들(장애인, 노약자, 실업자 등)에게 그것을 공급해 줄 사회적 의무가 있다.

—

**김대중, 『대중 참여 경제론』(산하 펴냄) 중에서**

우리 사회에서 가장 다수를 차지하며 가장 활동적인 계급을 끊임없이 위협하는 불평등과 종속, 비참함에는 필연적인 원인이 하나 있다. 우리는 인생의 우연성에 대처함으로써 그 원인의 대부분을 없앨 수 있다는 것을 입증해 보일 것이다.

노년에 이른 사람에게, 저축한 돈을 미처 쓰지 못하고 죽은 사람들의 저축금을 노후 자금으로 지원하는 것이 한 가지 방법이다. 비슷한 방식으로, 예기치 않은 가장의 죽음으로 상심한 가족이 이전과 같은 수준의 소득을 유지할 수 있도록 남은 배우자와 자녀들을 도울 수도 있다. 마지막으로, 스스로 일하고 새로운 가정을 꾸릴 수 있는 나이에 도달한 청년들에게 그들의 직업 개발에 필요한 자금을 지원해 줄 수 있다.

(…) 이 방법은 언제나 되살아나곤 하던, 빈곤과 타락의 근원인 주기적인 파산으로부터 수많은 사람들을 구해 줄 것이며, 이는 개인들뿐 아니라 사회 전체를 위해서도 매우 유용한 방법이 될 것이다.

—

**니콜라 드 콩도르세, 『인간 정신의 진보에 관한 역사적 개요』 중에서**

어떤 인간도 그 자체로 완전한 하나의 섬이 아니다. 모든 인간은 대륙의 일부이고 전체의 한 부분이다. 흙 한 줌이 바닷물에 씻겨 간다면, 우리가 사는 땅은 그만큼 작아진다. 파도가 육지의 한 조각을 실어 가는 것은, 당신 친구의 집 혹은 당신의 집이 사라지는 것과 같다. 그렇듯 모든 인간의 죽음은 나를 축소시킨다. 내가 인류에 속해 있기 때문이다. 종이 누구를 위해 울리는지 묻지 마라. 바로 당신을 위해 울리는 것이다.

—

**존 던, 『갑자기 발생하는 사태에 대한 명상, 그리고 내 질병의 여러 단계』 중에서**

## 제23조

1. 모든 사람은 일할 권리, 자유롭게 직업을 선택할 권리,
공정하고 유리한 노동조건을 확보할 권리,
실업으로부터 보호받을 권리를 가진다.
2. 모든 사람은 어떠한 차별도 받지 않고
동일한 노동에 대하여 동등한 보수를 받을 권리를 가진다.
3. 모든 노동자는 자신과 가족이 인간의 존엄을
지키고 살아갈 수 있도록 보장하는
공정하고 유리한 보수를 받을 권리가 있다.
필요한 경우, 다른 사회적 보호 수단을 통해
부족한 보수를 메울 권리가 있다.
4. 모든 사람은 자신의 이익을 보호하기 위하여
노동조합을 결성하고
노동조합에 가입할 권리를 가진다.

그림_ 니콜라 바니스테르

거미는 방직공이 하는 일과 비슷한 작업을 하며, 벌들은 빼어난 솜씨로 만든 벌집 구조로 인간 건축가들을 놀라게 한다. 그러나 아무리 형편없는 인간 건축가라고 해도 빼어난 솜씨를 지닌 벌과 비교할 때 탁월하게 구분되는 점은, 인간은 집을 짓기 전에 미리 머릿속에 집을 짓는다는 사실이다. 노동자의 머릿속에 이미 존재하고 있던 것이 노동의 결과로 나오는 것이다. 노동자는 자연물의 형태를 바꿀 뿐 아니라, 자신이 품은 목적을 자연물 속에 실현한다. 인간이 설정한 목적은 그의 행동 방식을 규정하고, 그의 의지를 그 목적에 복속시킨다. 작업이 이뤄지는 동안 육체적 노력뿐 아니라 지속적인 집중이 요구되며, 그 집중은 인간 의지의 지속적 긴장으로부터 비롯되는 것이다.

—

**카를 마르크스, 「자본론」 중에서**

저는 해고 노동자입니다. 평범한 노동자들에게 해고가 얼마나 무서운 것인지를 뼈저리게 느끼며 살아왔습니다. 아이들은 꿈을 포기해야 했고, 단란했던 가정은 파탄 났습니다. 불나방처럼 떠돌다 때로는 생과 사의 결단을 강요받고 실제 생을 포기한 동료가 얼마나 많았습니까. 누구의 잘못입니까?
정부는 저임금 체계를 만들고 해고를 쉽게 할 수 있어야 기업과 경제를 살리는 것이라 말하고 있습니다. 노동자가 죽어야 기업이 사는 정책이 제대로 된 법이고 정책입니까? 저는 해고를 쉽게 하는 노동개악을 막겠다며 투쟁을 하고 있습니다. 이것이 지금 온 나라를 떠들썩하게 하고 있는 1급 수배자 한상균의 실질적인 죄명입니다.

—

**한상균, 2015년 12월 조계사 기자회견문 중에서**

삶을 영위하는 방법 가운데, 노동을 중심에 두는 것만큼 인간을 현실에 견고하게 붙들어 매어 주는 것은 없다. 노동은 적어도 인간 공동체라고 하는 현실의 한 영역에 인간을 확고하게 자리 잡게 해 주기 때문이다. 노동은 사회 속에서 자신의 존재를 입증하고 정당화하는 데 필수 불가결한 가치를 드러내며, 자기애적이고 공격적이며 심지어는 관능적인 리비도*의 상당 부분을 직업적인 일이나 그 일과 관련된 인간관계로 돌릴 수 있게 해 준다는 점에서도 상당한 가치를 지닌다. 직업은, 그것이 자유롭게 선택된 경우, 즉 승화를 통해 기존의 성향을 활용할 수 있고 오래전부터 지속되고 있거나 끊임없이 강화되는 본능적 충동을 이용할 수 있는 경우에는 특별한 만족감을 준다. 그러나 사람들은 노동을 행복을 추구하기 위한 수단으로는 높이 평가하지 않는다. (…) 대다수 사람들은 필요에 의해 어쩔 수 없이 일할 뿐이며, 인간이 가진 이러한 일에 대한 타고난 기질은 가장 해결하기 까다로운 사회문제를 야기한다.

*리비도: 인간에게 내재된 성(性)적 충동을 뜻하는 정신분석학 용어.

—

**지크문트 프로이트, 「문명 속의 불만」 중에서**

근로자는 근로조건의 향상을 위하여 자주적인 단결권·단체교섭권 및 단체행동권을 가진다.

—

**대한민국헌법 제33조 1항**

**제24조**

모든 사람은

합리적인 노동시간을

제안할 권리와

정기 유급휴가를 포함한 여가를

누릴 권리가 있다.

그림_ 제랄드 게를레

가난한 사람들도 여가를 가질 수 있다는 생각은 부자들에겐 언제나 충격이었다. 19세기 초 영국에서 남자들의 일일 노동시간은 15시간이었다. 아이들은 하루 12시간씩 일하는 게 보통이었고, 어른만큼 일하는 경우도 있었다. 여기에 화가 난 사람들과 불만을 품은 사람들이 노동시간이 너무 길다고 항의했을 때 그들에게 돌아온 답은, 노동이 어른들에겐 술독에 빠지는 것을 막아 주고, 아이들에겐 바보짓을 덜 하게 만들어 준다는 말이었다.

—

**버트런드 러셀, 「게으름에 대한 찬양」 중에서**


최소한의 여가라는 게 없다면 창조적인 작업도 없겠지. 그럼 문화도, 문명도 없었겠지.

—

**로이 루이스, 「나는 왜 아버지를 잡아먹었나」 중에서**


근로기준법을 준수하라! 우리는 기계가 아니다! 일요일은 쉬게 하라! 노동자들을 혹사하지 말라! 내 죽음을 헛되이 하지 말라!

—

**전태일, 1970년 평화시장 앞 노동자 시위에서 분신하며 외친 말**


자본주의가 지배하는 국가의 노동자계급은 이상한 광기에 사로잡혀 있다. 지난 2세기 동안 이 광기는 가련한 인류를 고문하며, 개인과 사회에 끊임없이 재앙을 일으켜 왔다. 노동에 대한 사랑, 노동에 대한 처절한 열정이 바로 그것이다. 이 열정이 개인뿐 아니라 후손들의 생명력까지도 소진시키는 지경에 이르렀다.

—

**폴 라파르그, 「게으를 수 있는 권리」 중에서**

자유 시간이란, 그저 모든 종류의 유희적 활동으로 채우는 시간이라고 말할 수도 있겠지만, 무엇보다도 시간을 '죽이면서' 흘려보내고 순수하게 낭비할 수 있는 자유를 의미한다. 우리가 여가를 통해 필사적으로 되찾고자 하는 시간의 진정한 가치는, 바로 낭비되는 것이다. 휴가라는 것은 온전히 흘려보낼 수 있는 시간, 이 시간의 손실을 계산에 넣지 않아도 되고, 동시에 어떠한 방법으로도 '번' 것이 아닌 그러한 시간의 추구를 의미한다. 그러나 지금의 생산 체계 속에서 사람들은 '벌' 수밖에 없고, 이러한 운명은 노동을 짓누르듯 여가에도 압력을 행사한다. 여가는 노동력을 재충전하는 데 필요한 시간에 불과하다고 여겨지고 있다. 사람들은 문자 그대로 빈둥거리며 시간을 보내고 있는 중에도, 온전히 자신의 시간을 '활용'해야 한다는 의무감을 느낀다. 그러나 자유 시간은 그 시간을 누리는 자의 사유물이다. 그 사람이 소유한 다른 물건처럼 향유해야 하는 것이다. 그 시간을 양도하거나 희생시킬 필요는 없다. 언제든 일할 수 있는 상태로 준비된 채 진정한 자유를 구속당할 순 없다.

—

**장 보드리야르, 「소비의 사회」 중에서**

## 제25조

1. 모든 사람은 식량, 의복, 주거,
의료 및 필수적인 사회복지를 포함하여
자신과 가족의 건강과 안녕을 보장하는
충분한 생활수준을 유지할 권리를 가진다.
또한 실업, 질병, 장애, 배우자의 사망, 노화,
그 밖의 자신의 힘으로 통제할 수 없는 상황에서
생계 수단을 잃은 경우
사회보장을 누릴 권리를 가진다.
2. 어머니와 아이는 특별한 보살핌과
도움을 받을 권리를 가진다. 모든 아동은 부모의
혼인 여부에 관계없이 동일한 사회적 보장의
혜택을 누릴 수 있다.

그림_ 파스칼 발데스

사회보장은 극빈자들의 완전한 몰락을 막기 위해서만 제공되는 혜택이 아니라는 사실을 분명히 할 필요가 있다. 단어의 본래 의미에서 보자면, 사회보장이란 모든 사람들이 한 사회의 구성원으로서 그 사회에 계속해서 속할 수 있도록 모두를 위해 제공되는 기본 조건인 것이다.

—

**로베르 카스텔, 「사회적 불안정: 보호받는다는 것은 무엇인가?」 중에서**

공적인 지원은 신성한 책무이다. 사회는 불행한 시민들에게 일자리를 제공하거나, 일할 수 있는 상태가 아닌 사람들에게 생계유지에 필요한 수단들을 지원해 줌으로써 생존을 도와야 한다.

—

**프랑스인권선언(1793년판) 제21조**

그 시대의 가장 큰 실수는, 노동자들이 권리를 부여받으면 상상력을 충분히 발휘하여 개인 혹은 공동의 자발적 조치를 통하여 자신의 삶을 스스로 보장하리라고 믿었다는 사실이다. 그것은 명백한 실수였다. 노동자들은 하루하루 생존하는 일에 급급했기 때문에, 다가올 앞날을 고민할 여력이 없었다. 그들에게는 내일을 위해 저축하는 행위보다 오늘 당장 필요한 경비를 지불하는 일이 더욱 시급했다. 그들에게는 질병에 걸렸을 때나 실직을 당했을 때 사용할 수 있는 여윳돈조차도 없었다.

—

**국제노동기구, 「사회보장 입문」 중에서**

아동은 신체적·정신적·사회적으로 건강하게 성장하고 발달하는 데 필요한 기본적인 영양, 주거, 의료 등을 지원받을 권리가 있다.

—

**대한민국 아동권리헌장 제5항**

## 제26조

1. 모든 사람은 교육받을 권리가 있다.
최소한 초등교육은 무상으로 실시되어야 한다.
초등교육을 받는 것은 의무가 되어야 하고
기술교육과 직업교육은 보통의 사람들이
큰 어려움 없이 받을 수 있어야 하며
고등교육은 모든 사람들이 학업 능력에 따라
평등하게 받을 수 있어야 한다.
2. 교육은 인격을 온전하게 발달시키고
인권과 자유에 대한 존중을 강화하도록
그 목표를 설정해야 한다.
교육은 모든 국가와 인종 또는 종교 간의
이해, 관용, 우의를 증진시키고
평화 유지를 위한 유엔의 활동을 촉진해야 한다.
3. 부모는 자녀가 어떤 교육을 받을지
우선적으로 선택할 권리가 있다.

그림_ 세바스티앵 플롱

인간은 교육을 통해서만 인간이 될 수 있다. 인간은 교육이 만들어 낸 결과이며, 교육은 오직 교육받은 인간을 통해서만 이루어진다는 사실 또한 명심해야 한다. 훈육과 교육을 제대로 받지 못한 자들은 다음 세대에 이르러 결함 있는 교사가 되고 만다. 고귀한 성품을 가진 자가 교육을 맡는다면, 우리는 인간이 어느 정도까지 자질을 발전시킬 수 있는지 알 수 있을 것이다.

—

**이마누엘 칸트, 「교육 사상」 중에서**

저는 모든 어린이들이 배움의 권리를 누릴 수 있도록 해 달라고 호소하기 위해 이 자리에 섰습니다. 모든 어린이들 가운데는, 제게 총격을 가한 탈레반 테러리스트의 아이들도 포함됩니다. 저는 제게 총을 쏜 사람들을 증오하지 않습니다. 사람들 마음속에 증오 대신 평화가 자라야 하고, 이것이 제가 교육을 통해 배운 것입니다.

—

**말랄라 유사프자이, 2013년 7월 청소년유엔총회 연설 중에서**

우리는 지식과 교육을 통해, 알아야 할 우리의 권리와 그 권리를 통해 우리 스스로를 보호하는 방법, 그 권리를 행사하는 방법을 모든 국민에게 가르칠 수 있음을 보여 줄 것이다. 또한 우리의 의무가 무엇인지 가르치고, 그 의무들을 충실히 이행하게 할 것이다. (…) 우리의 권리 행사를 위임해야 하는 상대에게 결코 맹목적으로 종속되지 않도록, 선출한 이후엔 잘 감시할 수 있게 할 것이다.

(…) 이성의 힘을 가지고 편견에 맞서 싸워 우리를 방어할 것이다. 우리를 더 부자로 만들어 주고, 병을 치료해 주며, 위험에서 구해 준다는 구실로 우리의 재산과 건강, 생각과 양심의 자유에 덫을 놓으려는 사기꾼의 술수를 피할 것이다.

—

**니콜라 드 콩도르세, 「인간 정신의 진보에 관한 역사적 개요」 중에서**

나무는 열매를 맺지 않는다 해도 여전히 나무라 불린다. 말(馬)은 말로 태어나, 전혀 쓸모가 없더라도 태어나는 순간부터 말이다. 그러나 인간은 태어나는 것이 아니라 노력에 의해 인간이 되는 것이다. 인간 사회의 그 어떤 법률도 원칙도 모른 채 숲속에서 생활하는 원시의 인간은 인간이라기보다는 오히려 들짐승에 가깝다. 인간성을 규정짓는 것은 바로 이성이다. 모든 것이 욕망에 따라 행해지는 곳에서 이성이 거할 자리는 없다.

—

**에라스뮈스, 「아동교육론」 중에서**

## 제27조

1. 모든 사람은
자기가 속한 공동체의 문화생활에
자유롭게 참여할 권리, 예술을 향유할
권리, 학문적 진보와 그 혜택을
누릴 권리를 가진다.
2. 모든 사람은 자신이 만들어 낸
과학적·문학적·예술적 창작물에서
발생하는 모든 정신적·물질적 이익을
보호받을 권리를 가진다.

그림_ 니콜라 뒤포

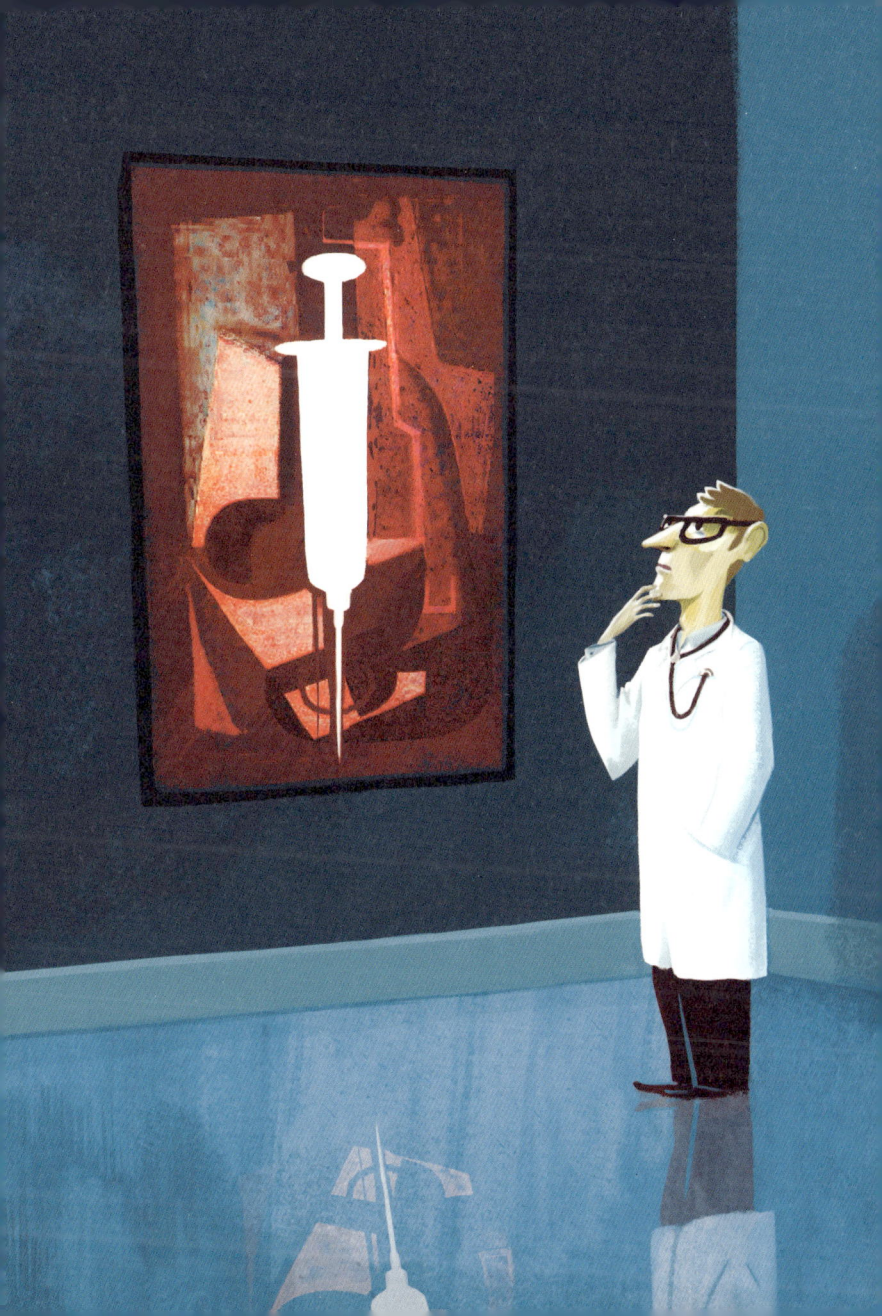

나는 우리나라가 세계에서 가장
아름다운 나라가 되기를 원한다.
가장 부강한 나라가 되기를 원하는
것은 아니다. 내가 남의 침략에 가슴이
아팠으니, 내 나라가 남을 침략하는
것을 원치 않는다. 우리의 부력은
우리의 생활을 풍족히 할 만하고,
우리의 강력은 남의 침략을 막을 만하면
족하다.
오직 한없이 가지고 싶은 것은 높은
문화의 힘이다. 문화의 힘은 우리 자신을
행복하게 하고, 나아가서 남에게 행복을
주기 때문이다.

—

**김구, 「백범일지」의 「나의 소원」 중에서**

흔히 교양인이라 불리는 사람은
교양인이 될 수 있는 시간적 여유가
있는 사람이기도 하다. 직업이 삶에 여가
시간을 충분히 허용했거나, 그 직업적
삶 자체가 문화에 속한 경우이다. 상업
사회에서 교양인이라고 함은 그 사람이
교양인이 될 수 있는 충분한 여건을
갖춘 사회 특권층에 속해 있다는 사실을
의미한다. 교양인이 될 수 있는 기회를
갖지 못한 사람에게 문화생활에 참여할
기회를 제공하는 것은, 사회적 지위
상승의 길을 열어 주는 것이라 할 수
있다. 이는 그들의 삶에 만족감을 더해
주고, 삶의 질을 향상시켜 주기도 한다.

—

**앙리 라보리, 「도피에 대한 찬가」 중에서**

국민이나 신도들의 무지와 복종을 기반으로 지탱되는 국가나 종교는 필연적으로 허약할 수밖에 없다. 진정한 정부 체계와 진실된 종교는 지식의 빛에 기반하고, 사람들의 안전은 어둠이 아니라 그 빛 속에 근거를 두고 있다. 그렇다고 해서 모든 사람들이 학자가 되기를 바라는 것은 아니다 (모든 사람이 학자의 재능은 물론, 환경이나 조건을 갖추지도 않았고 모두 학자가 될 필요도 없다). 우리가 바라는 것은, 모든 사람들이 자신을 구원으로 이끄는 현명함에 이르는 것이다.

—

**요한 아모스 코메니우스, 「빛의 길」 중에서**

지식의 진보를 가로막는 장애물은 모두 악이다. 출판은 자유로워야 한다. 출판의 자유를 제한하여 천부인권 사상이 실현되는 걸 방해해서는 안 된다. 출판을 한다는 것은 결국 무엇인가? 그것은 다른 사람들에게 자신의 생각과 의견에 대한 판단을 맡기는 것이다. 그런데 이렇게 행동함으로써 타인의 권리에 반하는 것이 있는가? 더욱이 타인의 의견과 사상에 대한 검토는 진실로 향하는 길 중 하나가 아니던가? 사회는 한 개인으로부터 진실에 도달할 방법을 박탈할 수 없으며, 출판은 진실에 이르기 위한 실질적 자산이다.

—

**니콜라 드 콩도르세, 「튀르고의 생애」 중에서**

**제28조**

모든 사람은

이 선언에서 규정된 권리와 자유가

온전히 효력을 발휘하는

사회질서 및 국제질서 내에서

살아갈 권리를 가진다.

그림_ **베아트리스 부를로통**

오, 차르여,
여기에서 교훈을 얻으시라!
벌도, 상도, 감옥의 피도, 제단도
당신을 위한 울타리가 되어 줄 수 없소.
법 아래 고개 숙이시오.
법이라는 확실한 보호 장치를 가장 먼저
받아들이는 사람이 되시오.
민중의 자유와 평화가 왕좌의 영원한
파수꾼이 되어 줄 터이니.

—

**알렉산드르 푸시킨, 「자유」 중에서**

공공의 안녕이나 공공의 이익을
대표하는 국가가 각 개인의 자유를 일부
제한할 때에는 그 일부를 제외한 나머지
부분을 보장하기 위해서이다. 그러나
이 나머지 부분을 안전이라고 부를 수
있을지언정, 그것은 결코 자유가 아니다.
자유는 쪼갤 수 없는 것이다. 자유를
통째로 소멸시키지 않고 그 일부만을
삭제할 수는 없다.

—

**미하일 바쿠닌, 「자유」 중에서**

자유란 한 사람 혹은 여러 사람의 독단적인 의사로 인해 개인이 체포당하거나 구금당하지 않으며, 살해당하지도, 어떤 방식으로든 학대당하지도 않을 권리를 의미합니다. 그것은 각자 자신의 의견을 이야기하고, 자신의 직업을 선택하여 그 일을 하고, 재산을 소유하고, 그 재산을 마음대로 쓸 수 있는 권리입니다. 누군가의 허락 없이, 왜 가는지에 대한 뚜렷한 이유도 없이, 때로는 자신의 발걸음을 의식조차 하지 못한 채 마음대로 오고 갈 수 있는 권리를 의미합니다. 그것은 또한 개인이 자신의 이익을 도모하기 위해서나, 자신이 선호하는 종교의식을 치르기 위해서, 혹은 단순히 자기 취향이나 욕망에 어울리는 방식으로 시간을 보내기 위해서 다른 개인을 만날 권리를 뜻합니다. 결국, 자유는 공직자들 전부 혹은 일부를 임명해서든, 대표자를 선출해서나 서명운동을 해서나 민원을 통해서든, 시민 각자가 정부 기관이 하는 일에 영향을 끼칠 수 있는 권리이기도 합니다. 정부가 이러한 우리의 권리들을 고려하지 않을 수 없게 하는 것입니다.

—

**뱅자맹 콩스탕, 1819년 연설문 「고대인들의 자유에 대한 고찰-현대인들의 자유와 비교하여」 중에서**

2006년 평택 대추리에서도, 2009년 용산 참사 현장과 쌍용자동차 파업 현장에서도, 2014년 세월호 참사가 발생한 뒤에도 인권활동가들은 온몸을 던져 그들의 자리를 지켰습니다. 인권활동가들에게 있는 무기라고는 세계인권선언을 비롯한 문서에 나온 인권의 약속뿐입니다.

—

**박래군, 「월 100만 원에 밤샘과 한뎃잠 택한 사람들」 중에서**

## 제29조

1. 모든 사람은 자신의 인격을
자유롭고 완전하게 발달시킬 수 있는
공동체를 만들어 나갈 의무를 가진다.
2. 모든 사람은 자신의 권리와 자유를 행사하는 데 있어,
오직 타인의 권리와 자유를 인정하고 존중하기 위해서
그리고 민주 사회가 필요로 하는 도덕, 공공질서, 복지의
정당한 요구 조건을 충족하기 위해서만
법률에 따라 일정한 제약을 받을 수 있다.
3. 이러한 권리와 자유는 어떤 경우에도
유엔의 목적과 원칙에 반하여 행사할 수 없다.

그림_ 쟈지

개인의 자유는 단지 다른 사람의 자유를 침해하는 순간에만 제한된다. 이러한 자유의 한계를 인정하고 명시하는 것은 법이다. 법 밖에서는, 모두에게 모든 것이 자유롭다. 사회 통합은 단지 몇몇 사람의 자유를 목표로 하는 것이 아니라 모든 사람의 자유를 목표로 한다. 어느 한 사람이 다른 사람보다 더 자유로운 사회에서는, 질서가 바로잡히지 않을 뿐 아니라 자유가 더 이상 지속되지 않을 것이다. 자유가 지속되지 않는 사회는 재구성되어야 한다.

—

**에마뉘엘조제프 시에예스, 1789년 프랑스인권선언 작성을 앞두고 한 국민의회 연설 중에서**

제자 중궁이 인(仁)에 대해 묻자, 공자께서 말씀하셨다.
"네가 문밖으로 나갈 때는 귀한 손님을 만나러 가는 듯이 공손하게 하며, 백성에게 일을 시킬 때는 큰 제사를 받드는 것처럼 신중하며, 자신이 하고 싶지 않은 것은 다른 사람에게도 시켜서는 안 된다. 이렇게 하면 나라에 있을 때도 다른 사람들로부터 원한을 사는 일이 없고, 가정에 있을 때도 원망을 들을 일이 없을 것이다."
중궁이 공자께 말하였다.
"제가 비록 어리석을지라도 스승님의 말씀을 받들어 실천하겠습니다."

—

**「논어」「안연」편 중에서**

인간의 의무를 말하지 않고서 권리에 대해 말할 수 없다. 의무와 권리는 서로 연관되어 있고, 사람들은 이 두 가지를 아우를 한 단어를 찾는다. 인간의 존엄성과 인간에 대한 사랑도 이와 마찬가지다. (…) 인류라고 하는 종을 특징짓는 것이 바로 인간성이다. 인간성은 우리 안에 잠들어 있는 성질일 뿐이기에, 일깨워 발달시켜야 하는 것이다. 우리는 세상에 태어나면서부터 완성된 인간성을 가지고 태어나지 않는다. 인간성은 지상에 태어난 우리가 이루고자 노력하는 목적이 되어야 하며, 우리 활동의 총합, 우리 가치의 총합이 되어야 한다.

—

**요한 고트프리트 폰 헤르더, 『인간성의 교화를 위한 서간』 중에서**

권리의 진정한 기원은 의무이다. 우리 모두가 각자의 의무를 이행한다면, 우리의 권리가 쉽게 존중받을 수 있을 것이다. 만약 우리가 의무를 잊고 권리만을 요구한다면, 권리는 우리의 손에서 빠져나갈 것이다. 그것은 마치 도깨비불처럼 쫓으면 쫓을수록 우리에게서 더욱 멀어질 것이다.

—

**마하트마 간디**

## 제30조

이 선언의 어떠한 조항도

한 국가, 집단 또는 개인이

이 선언에 명시된 권리와 자유의

파괴를 목적으로 하는 활동에 가담하거나

그러한 행동을 할 권리가 있다는 뜻으로

해석되어서는 안 된다.

그림_ 피에르 알라리

우린 모두, 우리의 감옥과 우리의 범죄, 우리의 재난을 내면에 지니고 있다. 그러나 우리의 과제는 그것을 세상에 풀어 놓는 것이 아니라, 우리 안에 그리고 다른 사람들 안에 있는 그것과 맞서 싸우는 것이다.

—

**알베르 카뮈, 『반항하는 인간』 중에서**

인류 역사 이래 사람이 있는 곳에 인권이 있었습니다. 그러나 권력이 있는 곳에 반드시 인권의 침해가 있었습니다. 그리고 인권의 침해가 있는 곳에는 인권을 지키고자 하는 투사들이 있었습니다. 그들은 우리의 영웅입니다.

—

**김대중, 세계인권선언 50주년 메시지 중에서**

공포정치는 권력을 간신히 유지시킬 뿐이지만, 덕망은 이와 반대로 시민들의 변함없는 신뢰를 보장해 준다. 난폭한 압제로 얻은 권위로 시민들을 굴복시켜 통치하는 자는 필시, 시민들을 계속 굴복시키기 위해 잔인한 방법을 행사할 수밖에 없다. 그것은 노예들에게 주인들이 행사하는 잔인함과 같다. 그러나 자유국가에서, 두려움을 조성하는 것만큼 미친 짓은 없다. 돈으로 매수하여 법을 유린하고 자유의 정신을 위협할 수 있다 하더라도, 침묵의 심판과 비밀투표를 통해 원래의 모습이 다시 나타날 것이기 때문이다. 한동안 억압당했다가 회복되는 자유는, 위험에 당면한 적 없던 자유보다 훨씬 더 매섭게 권력을 공격한다. 두려움을 조성하고자 하는 사람은, 반드시 자신이 가장 두려워하는 것을 맞닥뜨리고 공포를 느끼게 될 것이다.

—

**키케로, 『의무론』 중에서**

행정이 지나치게 정도를 벗어나고, 전제적이고 독재적이 되어 법과 민중의 자유가 희생될 때, 법의 사명은 정의를 세우고 행정을 회복시키는 것이다. 영국의 대헌장 수립과 프랑스대혁명 때의 '인간과 시민의 권리 선언'의 선포는 이와 관련하여 널리 알려진 아름다운 사례들이다.

—

**오카무라 츠카사, 『법의 개요』 중에서**

옮긴이의 말

# 인류의 가장 아름다운 발명품

19년 전, 살고 있던 파리의 아파트 부엌에서 처음으로 세계인권선언과 골똘히 마주할 기회를 가졌다. 밥을 짓다가, 커피를 내리다가, 부엌 벽에 오래전부터 붙어 있었던 듯한 인권선언문에 눈길이 멈추곤 했다. '인간은 모두 날 때부터 평등하고 존엄하며 자유로운 존재'라는 선언은 "우리는 민족중흥의 역사적 사명을 띠고 이 땅에 태어났다"는, 머릿속에 20여 년 전부터 박혀 있던 또 다른 선언과 하늘과 땅처럼 달랐다. 전자가 내게 채워져 있던 투명한 족쇄들을 모두 깨부수고 일어날 해방의 에너지를 준다면, 후자는 집단의 원대한 목적 달성을 위해 유용하게 바쳐져야 할 한 줌의 원료처럼 나를 느끼게 했다. 전체주의를 위해 바쳐지는 한 줌의 낱알이기보다 내 안의 모든 가능성을 발화시켜 내 의지대로 사고하고 행동하는 존재이길 택하는 것은 당연한 일이었다. 일상의 노동이 시작되고, 하루를 시작하기 위한 일용할 양식을 마련하는 공간에서 한 줄씩 읽어 내려간 세계인권선언은, 혁명을 일으키고 왕을 교수대에 세웠던 이 낯선 땅에서 주눅 들지 않는 한 명의 존엄한 인간으로 힘차게 활보하도록 내 등을 밀어주었다.

하지만, 이 아름다운 생각들이 온전히 발화하여 세상을 지탱하는 정신으로 스며들지는 못했음을 살아갈수록 또렷하게 확인할 수 있었다. 그런 자각이 하루하루 새로운 분노를 일깨웠다. 세계인권선언이 발표된 바로 이 도시에서조차 망각의 먼지를 뒤집어쓰고 만 선언은 이제 벽장에서 그 온기를 다하고, 잊히고 있는 것일까? 여전히 반복되는 세상의 모든 차별들을 보며 때때로 자문했고 때때로 벽에 있던 선언문을 떼어 들어 인권선언에 반하는 법의 집행자들 앞에 던져 주고 싶은 충동을 느끼곤 했다. 그러다 깨달았다. 세계인권선언이 없었다면, 나는 분노조차 할 수 없었을 것임을.

2002년 인종차별주의를 내세우는 극우 정당이 프랑스 대선에서 결선투표에 올랐을 때, 나는 보았다. 잊힌 줄 알았던 자유와 평등, 박애를 요구하는 목소리가 다시 벽장 속에서 분연히 먼지를 털고 일어나 거리를 가득 메우는 광경을. 거대한 파도 같았던 그 외침은 극우 인종주의자들의 준동을 82:18로 완벽하게 잠재웠다. 2015년 1월, 주간지 「샤를리 에브도」의 언론인들이 이슬람 근본주의자들을 비판하는 만평을 실었다는 이유로 테러를 당하자, 거리는 또다시 표현의 자유가 침해당한 사실에 분노하는 사람들로 채워졌다. 폭력과 공포가 자유의 숨통을 틀어막는 상황을 용납하지 않겠다는 사람들이, 테러범들이 어딘가에 숨어 있을지 모를 도심 한복판을 가득 메웠다. 세계인권선언은 사람들 사이에 작동하는 초자아처럼, 인류가 쌓아 올린 신성한 권리들이 심각하게 위협당할 때 일제히 울리는 사이렌처럼 사람들을 일으켜 세웠다.

온 세상이 포연에 휩싸였던 제2차 세계대전, 6천만의 인류를 집어삼킨 그 참혹한 살육과 혼돈의 시간을 다시는 반복하지 않겠다는 인류의 다짐이 세계인권선언을 탄생시켰다. 1947년 1월부터 1948년 12월까지 만 2년 동안 유엔에 모여 머리를 맞댄 나라들 대부분은, 세계가 다시는 처참한 야만의 시간을 겪지 않기 위한 약속이 단순한 선언에 그치지 않고 이행 장치를 동반하는 강력한 '국제조약'이길 희망했다. 그러나 단 두 나라, 미국과 소련만은 이행 장치 없는 '선언'

으로 정리되기를 원했고 결국은 그들의 뜻대로 이루어졌다. 58개 나라 중 2개의 나라가 투표에 불참했고, 8개 나라는 기권을 했다. 사우디아라비아는 여성과 남성의 평등을 인정할 수 없었고, 남아프리카공화국은 흑인과 백인이 평등하다는 생각에 동의하지 않았다. 그럼에도 오늘날 대부분 국가의 헌법은 바로 이 인권선언을 반영하여 만들어졌다. 모든 나라가 동의하지는 않았고 법적 구속력 또한 없을지언정, 인류는 각 사회를 작동시키는 공통의 초월적 가치로서 세계인권선언을 인정하고 받아들인 셈이다.

인류는 세상을 가장 많이 파괴하고, 가장 크게 변화시키는 동시에 과거를 복기할 줄 알고, 그것을 통해 끈질기게 미래를 투시하려 애쓰는 모순된 종족이다. 이 사고뭉치의 존재들이 함께 만들어 낸 것 가운데 가장 아름다운 발명품이 바로 세계인권선언이 아닐까 생각한다. 30개 조항으로 이루어진 선언문을 직접 다듬고 정리한 것은 당시 유엔인권위원회 의장이었던 엘리너 루스벨트를 필두로 한 9인의 초안 작성 위원회였지만, 선언에 담긴 인권에 대한 의지는 빅토르 위고, 카를 마르크스, 한나 아렌트의 목소리에 담긴 의지와 같고 세종대왕, 최시형, 전태일이 실천해 온 생각과도 다르지 않다.

무엇보다 불의가 세상에 차고 넘칠 때마다 거리로 뛰쳐나와 현실에 항거한 이름 없는 시민들의 부단한 외침이야말로 인권선언을 탄생시킨 원동력이자 인권선언이 담고 있는 핵심적인 가치다. 이 책은 세계인권선언을 이루는 생각들이 바로 수천 년간 인류가 상생과 평화를 고민하며 나눠 온 지혜로 함께 빚어 낸 열매임을 보여 주고 있다.

이 책의 번역을 시작할 무렵, 대한민국에서는 촛불혁명이 진행 중이었다. 이명박·박근혜 정권 9년 동안 한국 사회를 지탱하던 많은 가치들이 무너져 내렸다. 정의와 원칙들이 조롱당하던 세상을 사람들은 지옥이라 느꼈다. 지옥을 허

물고 그 위에 정의에 기반한 세상을 세우기 위해 우린 함께 6개월 동안 촛불을 들었다. 세계 곳곳에 흩어져 있는 한국 교민들도, 광화문에서 촛불이 들리는 날 각자 선 곳에서 함께 촛불을 들었다. 파리에 사는 교민들이 촛불을 들었던 곳은 에펠탑이 뒤로 보이는 인권광장. 바로 세계인권선언이 발표된 샤요궁의 마당이었다. 5천만의 간절한 염원은 마침내 두 전직 대통령을 나란히 수감하고, 국정농단 세력들을 차례로 끌어내리며, 새로운 정권을 창출하는 데 성공한다.

그러나 새로운 정권의 출범이 바로 인권이 존중되는 이상 사회의 실현을 의미하지는 않는다. 2018년 3월, 한국 정부는 유엔인권이사회가 제시한 인권 수칙 가운데 97개 권고에 대해 불수용 의사를 밝혔다. 성소수자 인권에 관한 모든 권고를 수용하지 않았고, 일부 양심수에 대한 석방 권고도 받아들이지 않았다. 사상의 자유를 심각하게 침해하는 국가보안법의 존재 또한 유엔인권이사회의 지적을 받은 항목이지만, 현 정부는 그 조항을 전혀 건드리지 않고 있다. 이런 우리의 현실 앞에 세계인권선언은 거울처럼 놓여 있다. 서구의 시각에서 기술된 이 책에 우리의 역사적 인물들이 남긴 말과 글을 삽입하는 편역을 감행한 이유도, 세계인권선언이 우리의 현재를 비춰 보게 하는 거울의 역할을 더 충실히 하길 바라는 마음에서다.

70여 년 전 처절한 비극을 딛고 일어선 인류가 미래의 인류에게 전한 이 고귀한 선물을 온전히 우리의 것으로 만들기 위해 때론 분노하고, 때론 절규하고, 때론 환호하며, 하나하나의 권리를 공기처럼, 햇빛처럼 우리의 삶 속에서 끌어안을 수 있기를 바란다. 그리하여 존엄한 인간의 삶을 모두가 누릴 수 있기를.

2018년 파리에서<br>
목수정

# 인물 정보

**권정생**(1937-2007) 아동문학작가. 작고 힘없는 존재에 애정을 갖고 따뜻한 시선으로 보듬는 작품들을 썼다. 2007년 세상을 떠나며 어린이들을 위해 인세를 써 달라는 유언을 남겼다. 주요 저서로 동화 『강아지똥』 『몽실 언니』 『밥데기 죽데기』 등이 있고 사후에 동시집 『동시 삼베 치마』가 출간되었다.___p.12

**김구**(1876-1949) 일제강점기의 독립운동가. 3·1운동 직후 중국 상하이로 망명하여 대한민국임시정부 조직에 참여하고 임시정부의 주석으로 항일무장투쟁을 지휘했다. 자서전 『백범일지』는 독립운동의 증언서이자 민족 이념을 기록한 역사적인 문헌이다.___p.112

**김대중**(1924-2009) 한국의 제15대 대통령. 7, 80년대에 정치인으로 활동하며 군사정권에 항거했고, 납치되거나 사형을 선고받는 등 극심한 탄압을 받았다. 대통령으로 당선된 후에는 남북한의 교류와 협력을 추구하는 햇볕정책을 지속적으로 펼쳤고, 분단 이래 최초의 남북정상회담을 개최하여 6·15 공동선언을 이끌어 냈다. 한국의 민주화와 인권 신장에 공헌하고 한반도 평화에 기여한 공로를 인정받아 2000년에 한국인 최초로 노벨평화상을 받았다.___p.92, 124

**김산**(1905-1938) 일제강점기의 독립운동가, 사회주의운동가. 본명은 장지락. 사회주의에 바탕을 둔 독립운동을 전개했으며 중국 혁명에도 참가했다. 1936년에 상하이에서 조선민족해방동맹을 결성했으며 1938년에 일본 스파이라는 누명을 쓰고 중국에서 처형당했다. 미국의 언론인 님 웨일스는 김산의 생애를 기록한 책 『아리랑』을 펴냈다.___p.16

**나혜석**(1896-1948) 일제강점기의 화가, 문필가, 독립운동가, 여성해방운동가. 한국 여성 최초의 서양화가이며, 한국 여성 최초로 개인 전시회를 열었다. 근대 여성의 방향성을 제시하는 소설, 시, 수필 등을 집필하며 문필가로도 활약했다. 이혼 경험을 저술한 글 「이혼 고백서」에서 남성 중심의 불평등한 조선 사회를 강력히 비판하고 정조 관념을 거부하여 당시 거

센 비난을 받았다. 3·1운동, 3·25 이화학당 만세 운동 등 독립운동에 가담하여 투옥되기도 했다. 주요 저작으로 소설 「경희」, 「정순」, 시 「인형의 집」, 「노라」 등이 있다. __p.13

**노무현**(1946-2009) 한국의 제16대 대통령. 변호사로서 부림사건의 무료 변호를 맡은 것을 시작으로 학생, 노동자의 인권 사건을 변호하는 인권 변호사의 길을 걸었다. 80년대 중반 민주화운동에 앞장섰고 이후 정계에 입문하여 2002년 제16대 대통령에 취임했다. 대통령으로서 한국 사회에 만연한 지역주의와 권위주의를 타파하고자 힘썼다고 평가받는다. __p.88

**느린 거북**(Slow turtle, 1930-1997) 아메리카 원주민 왐파노아그족의 종교 지도자, 사회운동가. 또 다른 이름은 존 피터스. 매사추세츠 인디언 문제 위원회의 임원으로 활동해 왔으며, 부인과 함께 '아메리카 원주민 인식을 위한 메사추세츠 센터'를 설립했다. 입양되는 아메리카 원주민 어린이들의 보호를 위한 주 의회 법안 제정에 기여했으며, 원주민 문화 보존 및 인식 개선을 위해 힘썼다. __p.32

**니콜라 드 콩도르세**(Nicolas de Condorcet, 1743-1794) 프랑스의 수학자, 철학자, 정치인. 다수결 투표가 유권자의 선호를 제대로 반영하지 못하는 현상을 뜻하는 '콩도르세의 역설'을 주창하여 널리 알려졌다. 프랑스혁명기 정치인으로서 진보적인 교육 개혁안을 제안했으며 계몽주의자로서 『백과전서』 집필에 참여했다. 주요 저서로 『인간 정신의 진보에 관한 역사적 개요』, 『튀르고의 생애』 등이 있다. __p.20, 93, 109, 113

**니콜라 부비에**(Nicolas Bouvier, 1929-1998) 스위스의 여행가, 사진가, 작가. 전 세계를 여행하며 여행기를 집필했다. 주요 저서로 『세상의 용도』, 『일본』 등이 있다. __p.56

**도미니크 슈나페르**(Dominique Schnapper, 1934- ) 프랑스의 사회학자, 정치인. 소수자와 노동자 문제에 관심을 가지고 시민권, 국가의 개념 등에 대한 사회학 연구를 해 왔다. 주요 저서로 『시민권이란 무엇인가?』, 『노동의 종말에 반하여』 등이 있다. __p.88

**도밍고 파우스티노 사르미엔토**(Domingo Faustino Sarmiento, 1811-1888) 아르헨티나의 제7대 대통령. 독재에 항거하고 서민 교육을 위해 투쟁했다. 대통령으로서 아르헨티나 근대 교육의 초석을 다졌다는 평가를 받는다. 중남미의 고전으로 불리는 『파쿤도-문명과 야만』 『시골의 추억』 등 많은 저작을 남겼다.__p.60

**드니 디드로**(Denis Diderot, 1713-1784) 프랑스의 철학자, 작가. 18세기 프랑스의 대표적인 계몽주의 사상가이다. 달랑베르와 함께 책임 편집을 맡은 『백과전서』 전 28권을 편찬하는 데 평생을 바쳤다. 『백과전서』는 철학, 법학, 수학, 물리학, 언어학 등 여러 학문을 집대성한 사전으로, 당대 지식인 140여 명이 집필에 참여했다. 중세적 권위를 비판적으로 바라보고 근대적인 지식과 사고방식을 전파하여 프랑스대혁명의 사상적 배경을 마련했다고 평가받는다.__p.61, 73

**로베르 카스텔**(Robert Castel, 1933-2013) 프랑스의 사회학자. 노동과 임금체계, 사회적 배제 등에 관한 연구를 했다. 주요 저서로 『정신의학의 질서』 『사회적 불안정: 보호받는다는 것은 무엇인가?』 등이 있다.__p.104

**로이 루이스**(Roy Lewis, 1913-1996) 영국의 언론인, 작가. 주요 저서로는 인류의 진화와 문명의 발달을 풍자적으로 그린 소설 『나는 왜 아버지를 잡아먹었나』 등이 있다.__p.100

**루이 드 조쿠르**(Louis de Jaucourt, 1704-1779) 프랑스의 의사, 철학자, 문필가. 드니 디드로와 달랑베르가 책임 편찬을 맡은 『백과전서』의 집필에 참여했다. 그가 맡은 부분은 생리학, 화학, 식물학, 정치, 역사 등 다양한 분야를 아우르는 17,000여 개의 항목으로, 140여 명의 필진 중에서 가장 많은 양의 글을 썼다.__p.9, 17

**류은숙**(1969- ) 인권운동가. 1992년 '인권운동사랑방'을 공동 창립한 이래로 지금까지 인권운동을 해 왔다. 현재 인권연구소 '창'에서 창립 구성원이자 인권운동가로 일하면서 다양한 주체의 인권을 위한 목소리를 내고 있다. 주요 저서로 『인권을 외치다』 『심야인권식당』 등이 있다.__p.69

**르네 카생**(René Cassin, 1887-1976) 프랑스의 법률가, 정치인. 1948년 유엔이 채택한 세계인권선언의 조항 작성에 참여한 공로로 1968년 노벨평화상과 유엔인권상을 받았다.

유럽인권재판소의 의장으로 활동했다.___p.12

**마하트마 간디**(Mahatma Gandhi, 1869-1948) 인도의 민족운동 지도자. 영국의 제국주의에 맞서 인도의 비폭력 독립운동을 지도했다. 폭력에 대응하기 위해 또 다른 폭력을 쓰는 것을 반대하며 독자적인 방식으로 투쟁한 그의 사상과 삶은 인도인뿐 아니라 전 세계 사람들에게 큰 영향을 미쳤다.___p.121

**말랄라 유사프자이**(Malala Yousafzai, 1997- ) 파키스탄의 인권운동가. 여성이 학교에 갈 수 없게 된 현실에 맞서 열 살의 나이에 여성교육 운동을 시작했다. 영국 BBC 블로그에 탈레반 치하의 삶에 관한 글을 연재하면서 세계의 주목을 받고 탈레반의 표적이 되었으며, 2012년 하굣길에 탈레반 무장 대원의 총을 맞아 중태에 빠졌다. 이 사건으로 "나는 말랄라다" 슬로건을 내세운 전 세계적 캠페인이 시작되었다. 2014년 노벨평화상을 받았으며 지금도 여성과 어린이의 교육권을 위한 운동을 펼치고 있다.___p.108

**몽테스키외**(Montesquieu, 1689-1755) 프랑스의 정치학자, 법학자, 사상가. 계몽주의 사상을 대표하는 선구적 인물로 평가받는다. 소설 『페르시아인의 편지』를 통해 절대군주제를 강력하게 비판하여 주목받았다. 주요 저작인 『법의 정신』에서는 국가권력이 입법, 사법, 행정의 삼권으로 나뉘어 서로 견제해야 한다는 삼권분립이론을 주장하여 근대 법학과 정치학에 지대한 영향을 미쳤다.___p.20, 44

**미셸 드 몽테뉴**(Michel de Montaigne, 1533-1592) 프랑스의 철학자, 작가. 38세의 나이에 공직에서 은퇴하여 세상을 떠날 때까지 『수상록』 전 3권을 집필했다. 『수상록』은 몽테뉴가 자기 자신을 큰 주제로 삼아 쓴 107개의 수필 모음이다. 다양한 소재에 대한 견문과 감상, 탐구와 통찰이 서술되어 있다. 『수상록』의 프랑스어 원제는 'Essais'로, 에세이(수필)라는 문학 장르의 기원이 되었다.___p.56

**미하일 바쿠닌**(Mikhail Bakunin, 1814-1876) 러시아의 무정부주의 혁명가, 사상가. 모든 형태의 국가와 위계, 권위를 부정하는 급진적 무정부주의를 주장했다. 선거로 뽑힌 민중의 대표일지라도 일단 권위가 주어지면 특권적 위치에 서게 되고 더 이상 민중을 대변할 수 없다고 생각했으므로 마르크스와 격렬히 대립했다. 주

요 저서로 『신과 국가』 『국가와 무정부』 『자유』 등이 있다.__p.116

**바뤼흐 스피노자**(Baruch Spinoza, 1632-1677) 네덜란드의 철학자. 세계 자체가 곧 신이고 신은 곧 세계라고 생각하는 범신론적 관점을 취하며 인격신, 유일신의 존재를 부정했다. 데카르트와 함께 근대 철학의 합리주의를 대표하는 인물로 불린다. 주요 저서로 『에티카』 『신학정치론』 등이 있다.__p.80

**박경석**(1960- ) 인권운동가. 1983년 행글라이더를 타다가 추락해 하반신이 마비되었다. 사고 후 5년 동안 집 안에서만 생활하다가 장애인 인권에 관심을 갖게 되었고, 1993년 노들장애인야간학교의 설립을 주도하면서 본격적으로 장애인 인권운동에 뛰어들었다. 2018년 현재 전국장애인차별철폐연대 상임공동대표이자 노들장애인야간학교의 교장으로서 장애인 인권운동에 앞장서고 있다.__p.57

**박래군**(1961- ) 인권운동가. 1988년 동생 박래전이 노태우 정권에 항거하며 분신해 숨진 이후 30여 년째 인권운동가의 길을 걷고 있다. 양심수 석방, 참사 진상 규명, 비정규직 차별 철폐, 차별금지법 제정 등 다양한 인권 문제에 목소리를 내 왔다. 현재 '인권중심사람' 소장, 4월16일의약속국민연대 상임운영위원으로 활동하고 있다.__p.117

**뱅자맹 콩스탕**(Benjamin Constant, 1767-1830) 스위스 태생의 프랑스 정치인, 작가. 근대의 자유와 고대의 자유는 그 개념이 다름을 지적하며 대의제의 필연성을 역설했다. 정치적으로 자유주의자였다면 문학적으로는 낭만주의자였다. 주요 저작으로 연애 심리를 분석한 자전적 소설 『아돌프』 등이 있다.__p.117

**버트런드 러셀**(Bertrand Russell, 1872-1970) 영국의 철학자, 수학자, 논리학자. 화이트헤드와 공동 저술한 『수학 원리』에서 수학의 전 체계를 논리학적으로 재구성하는 것을 시도했으며 기호논리학의 기틀을 다졌다. 비트겐슈타인과 함께 분석철학의 선구자로 불린다. 반전운동가로 활동하기도 했으며, 철학자로서 저술한 『서양 철학사』는 '20세기의 고전'이라 불린다. 주요 저서로 『나는 왜 기독교인이 아닌가』 『게으름에 대한 찬양』 『왜 사람들은 싸우는가?』 등이 있다. 1950년 노벨문학상을 받았다.__p.100

**볼테르**(Voltaire, 1694-1778) 프랑스의 작가, 철학자. 프랑스 계몽주의를 대표하는 인물로 부패한 교회를 강력하게 비판했다. 드니 디드로와 달랑베르의 『백과전서』 편찬을 적극적으로 지지하여 '백과전서파'로 불리기도 했다. 주요 저서로 『철학사전』(한국어판: 『불온한 철학사전』), 『캉디드』 등이 있다. ＿ p.49

**빅토르 세르주**(Victor Serge, 1890-1947) 벨기에 태생의 혁명가, 작가. 젊은 시절 파리 무정부주의운동에 참여했고 이후 러시아로 넘어가 러시아혁명에 뛰어들었다. 스탈린 체제를 비판하여 체포되고 추방되기를 반복하다가 1936년 러시아를 떠났다. 주요 저서로 『한 혁명가의 회고록』 등이 있다. ＿ p.64

**빅토르 위고**(Victor Hugo, 1802-1885) 프랑스의 시인, 소설가, 극작가, 정치인. 희곡 『크롬웰』을 통해 고전주의 문학에 과감하게 맞서면서 주목받았고 이후 낭만주의 문학을 이끌었다. 프랑스 칠월혁명을 기점으로 인도주의에 기초한 작품들을 쓰기 시작했다. 정치인으로서 나폴레옹 3세의 쿠데타에 반대하다가 추방되어 망명 생활을 하기도 했다. 주요 저작으로 소설 『레 미제라블』 『파리의 노트르담』, 시집 『동방시집』 등이 있다. ＿ p.8, 16, 24, 33, 41

**세종**(1397-1450) 조선의 제4대 왕. 유능한 인재들을 등용하여 이상적 유교 정치의 기틀을 다졌다. 왕실 학술 기관인 집현전의 학자들에게 명하여 훈민정음을 창제함으로써 한자를 모르는 민중들도 뜻을 전할 수 있도록 했다. 수많은 학술서와 역사서를 편찬토록 하여 학문의 진흥을 꾀했으며, 과학의 발전에도 관심을 기울여 앙부일구, 측우기 등의 제작을 지원하는 등 다방면으로 훌륭한 업적을 쌓았다. ＿ p.48

**스탕달**(Stendhal, 1783-1842) 프랑스의 소설가. 사실주의적 근대소설의 기초를 이루었다. 발자크와 함께 19세기 프랑스 소설의 거장으로 평가받는다. 주요 저서로 『연애론』, 『적과 흑』, 『아르망스』, 『1817년의 로마, 나폴리, 피렌체』 등이 있다. ＿ p.13

**슬라보예 지젝**(Slavoj Žižek, 1949- ) 슬로베니아의 철학자. 뉴욕대학교, 런던대학교 등 각지의 대학에서 철학을 가르쳤다. 마르크스주의와 라캉의 정신분석학 이론을 바탕으로 정치사상, 대중문화, 여러 사회현상 등 다방면의 주제에 관해 왕성히 집필하고 있다. 주요 저서로 『삐딱

하게 보기』,『실재의 사막에 오신 것을 환영합니다』,『시차적 관점』 등이 있다.___p.73

**시몬 드 보부아르**(Simone de Beauvoir, 1908-1986) 프랑스의 소설가, 철학자, 여성해방운동가. 실존주의 철학을 녹여 낸 소설, 희곡, 에세이 등을 집필했으며, 여성해방운동에 적극적으로 참여하여 행동하는 지성의 대명사가 되었다. 여성이 억압적으로 다루어져 온 방식을 고찰한 저서『제2의 성』은 페미니즘의 고전이다. 그 외의 주요 저서로『초대받은 여자』,『위기의 여자』,『노년』 등이 있다.___p.69

**시몬 베유**(Simone Weil, 1909-1943) 프랑스의 철학자, 노동운동가. 고등학교에서 철학을 가르치다가 노동운동에 깊은 관심을 가지고 여러 농장 및 공장에서 임금노동자로 일했다. 노동조합을 위해 적극적으로 활동했으며 스페인 내전에서도 활약했다. 주요 저서로『뿌리내림-인간에 대한 의무 선언의 서곡』,『억압과 자유』 등이 있다.___p.45, 65

**알랭**(Alain, 1868-1951) 프랑스의 철학자, 평론가, 문필가. 본명은 에밀 샤르티에. 광범위한 주제에 대하여 짧은 어록 형식으로 연재한『어느 노르망디인의 어록』으로 이름을 알렸다. 주요 저서로『행복론』,『스탕달론』,『권력에 대하여: 정치 윤리의 요소들』 등이 있다.___p.32

**알랭 바디우**(Alain Badiou, 1937- ) 모로코 태생의 프랑스 철학자. 현대 프랑스 철학의 대표적인 인물이다. 마르크스주의, 마오쩌둥 사상 등의 영향을 받았으며, 진리와 주체에 관한 독자적 이론을 구축하며 이름을 알렸다. 신자유주의를 신랄하게 비판하며 여러 정치조직에서 활동하고 있다. 주요 저서로『존재와 사건』,『사랑 예찬』 등이 있다.___p.68

**알렉산드르 푸시킨**(Aleksandr Pushkin, 1799-1837) 러시아의 시인, 소설가, 극작가. 민중의 언어와 생활상을 사실적으로 담아낸 작품을 집필하여 러시아 근대문학의 기틀을 닦았다. 농노제를 비판하고 자유를 찬양하는 시를 썼다는 이유로 유배되기도 했다. 주요 저작으로 시「삶이 그대를 속일지라도」,「자유」, 소설『대위의 딸』,『예브게니 오네긴』 등이 있다.___p.116

**알렉시 드 토크빌**(Alexis de Tocqueville, 1805-1859) 프랑스의 정치학자, 역사학자.

자유주의 사상을 바탕으로 미국의 민주주의, 프랑스대혁명을 분석했다. 민주주의 체제에서는 '다수에 의한 전제정치'를 경계해야 한다고 지적하여 존 스튜어트 밀의 『자유론』 집필에 영향을 주기도 했다. 주요 저서로 『아메리카의 민주주의』, 『앙시앵 레짐과 프랑스혁명』 등이 있다.___p.77

**알베르 카뮈**(Albert Camus, 1913-1960) 알제리 태생의 프랑스 소설가, 극작가, 언론인. 인간 존재의 부조리함을 규명하는 소설, 에세이, 희곡 등을 집필하여 부조리 개념을 대두시켰다. 제2차 세계대전 시기에는 레지스탕스 조직에서 비밀리에 발행하는 신문의 편집장으로서 저항운동에 참여했다. 탁월한 통찰력으로 오늘날 인간 의식에 제기되는 문제를 밝혀낸 공로로 1957년 노벨문학상을 받았다. 주요 저작으로 소설 『이방인』, 『페스트』, 에세이 『시지프 신화』, 희곡 『칼리굴라』, 『오해』 등이 있다.___p.25, 41, 124

**앙드레 콩트스퐁빌**(André Comte-Sponville, 1952- ) 프랑스의 철학자. 유물론과 무신론을 지지하는 한편 여러 저작을 통해 기존의 유물론을 바탕으로 하는 독자적인 이론을 구축하고 있다. TV 프로그램 등을 통한 대중 강연에서도 왕성하게 활동 중이다. 주요 저서로 『미덕이란 무엇인가』 등이 있다.___p.9

**앙리 라보리**(Henri Laborit, 1914-1995) 프랑스의 의사, 생리학자, 문필가, 철학자. 신경 억제제인 클로르프로마진의 의학적 사용을 최초로 고안했다. 주요 저서로 『도피에 대한 찬가』 등이 있다.___p.112

**에라스뮈스**(Erasmus, 1466-1536) 네덜란드의 인문학자, 신학자, 가톨릭 사제. 신약성서를 그리스어로 번역했으며, 부패하고 타락한 교회를 강력히 비판하여 종교개혁에 영향을 미쳤다. 주요 저서로 『우신예찬』, 『격언집』 등이 있다.___p.109

**에마뉘엘조제프 시에예스**(Emmanuel-Joseph Sieyès, 1748-1836) 프랑스의 가톨릭 사제, 정치인. 프랑스대혁명 직전에 집필하여 배포한 소책자 『제3신분이란 무엇인가』는 프랑스대혁명의 핵심 사상과 방향성을 제시했다. 프랑스대혁명 시기에는 프랑스인권선언(정식 명칭: 인간과 시민의 권리 선언)의 초안을 썼다.___p.89, 120

**에밀 졸라**(Émile Zola, 1840-1902) 프랑스의 소설가. 사회의 어두운 면과 민중의 삶을 객관적으로 묘사하는 자연주의 문학사조를 탄생시켜 유럽 문학계에 큰 영향을 미쳤다. 드레퓌스 사건 때는 「나는 고발한다! 프랑스 공화국 대통령에게 보내는 편지」라는 공개편지를 신문 1면에 실어 진실의 규명을 강력히 촉구했다. 주요 저서로 소설 『목로주점』 『제르미날』, 문학 이론서 『실험소설』 등이 있다.__p.40

**에블린 시르마랭**(Évelyne Sire-Marin) 프랑스의 현직 판사. 파리 법원의 판사로 재직하면서 프랑스인권연맹, 프랑스금융거래과세시민연합에서 활동하고 있다. 신자유주의를 비판적 시각으로 논의하는 코페르니크 재단의 공동대표로 활동하기도 했다. 현재 여러 잡지에 법과 인권에 관한 글을 기고하는 등 왕성하게 활동 중이다.__p.28

**에스테반 에체베리아**(Esteban Echeverría, 1805-1851) 아르헨티나의 시인, 소설가, 사상가, 정치운동가. 유럽 낭만주의 문학의 전성기에 프랑스에서 유학한 뒤 중남미 낭만주의 문학을 꽃피웠다. 독재에 맞서 비밀 지식인 단체인 '젊은 아르헨티나'를 조직하여 활동했으며, 독재 항거의 중심이 된 '5월 협회'를 이끌며 협회의 이상과 이념을 담은 글 「사회주의 교리」를 발표했다. 주요 저작으로 시집 『사로잡힌 여자』, 소설 『도살장』 등이 있다.__p.85

**에우리피데스**(Euripides, B.C.484-B.C.406 추정) 고대 그리스의 시인, 극작가. 그리스신화 속 인간의 고뇌와 정념을 비극의 형태로 담아냈다. 아이스킬로스, 소포클레스와 함께 고대 그리스의 3대 비극 작가로 불리며, 작품에 합리적·현실적 사상이 내포되어 있어 세 명의 비극 작가 중 가장 근대적이라고 평가받는다. 주요 저작으로 『메데이아』 『엘렉트라』 『탄원하는 여인들』 등이 있다.__p.44

**오카무라 츠카사**(岡村司, 1867-1922) 일본의 법학자, 변호사. 교토대학교 민법 교수로 재직하며 당시 일본의 전근대적인 가족제도를 비판했다. 주요 저서로 『법의 개요』 『민법과 사회주의』 등이 있다.__p.125

**올리버 웬델 홈스**(Oliver Wendell Holmes, 1841-1935) 미국의 법학자, 판사. 하버드대학교에서 법을 가르쳤으며, 당시 보수적이었던 시대의 미국 연방 대법원 판사로서는 이례적으로 진보적인 판결을 하여 이름을 알렸다. 그가 남긴 판례들은 법학의 발전에 기여했으며 지금도 미국 법정에서 자주 인용되고 있다. 주요 저서로 『보통법』 등이 있다.___p.80

**요한 고트프리트 폰 헤르더**(Johann Gottfried von Herder, 1744-1803) 독일의 철학자, 신학자, 문필가. 절대적 규칙으로 환원하는 이성주의·계몽주의 철학을 비판하고, 상대적이며 고유한 역사를 파악하고자 하는 역사철학을 정착시켰다. 철학, 신학, 미학, 언어학, 역사학 등 다양한 분야에 걸쳐 남긴 저작은 후대에 큰 영향을 미쳤다. 주요 저서로 『인류의 역사철학에 대한 이념』 『언어의 기원에 대하여』 『인간성의 교화를 위한 서간』 등이 있다.___p.121

**요한 아모스 코메니우스**(Johann Amos Comenius, 1592-1670) 체코의 교육학자. 전 연령의 민중을 대상으로 하는 실학주의 교육 체계를 고안하여 근대 교육학의 토대를 마련했다. 주요 저서로 『대교수학』 『세계도회』 『빛의 길』 등이 있다.___p.113

**윌리엄 셰익스피어**(William Shakespeare, 1564-1616) 영국의 극작가, 시인. 역사상 가장 위대한 극작가로 불린다. 『햄릿』 『맥베스』 『오셀로』 『리어왕』 등 4대 비극을 비롯하여 『로미오와 줄리엣』 『줄리어스 시저』 등 인간 삶의 희·비극을 그려 낸 수십여 편의 희곡 작품을 남겼다.___p.21

**이마누엘 칸트**(Immanuel Kant, 1724-1804) 독일의 철학자. 합리론과 경험론으로 이분되어 있던 기존 철학 이론을 비판하고 통합하여 비판철학을 창시했다. 유럽 근대 철학을 대표하는 인물로 철학사에 큰 업적을 남겼다. 주요 저서로 『순수이성비판』 『실천이성비판』 『판단력비판』 『윤리형이상학』 등이 있다.___p.37, 108

**자크 브렐**(Jacques Brel, 1929-1978) 벨기에의 가수, 작곡가, 작사가, 배우. 〈나를 떠나지 마오〉 등 수많은 곡으로 사랑을 받았다. 샹송의 발전에 기여했다는 평가를 받는다.___p.57

**장 로스탕**(Jean Rostand, 1894-1977) 프랑스의 생물학자, 철학자, 문필가. 양서류의 발생, 기형의 발생, 단성생식 등을 연구했으며 생물학과 철학을 아우르는 방대한 저작을 남겼다. 주요 저서로 『생물학자의 편지』 『생물학의 역사 스케치』 등이 있다.___p.13

**장 보드리야르**(Jean Baudrillard, 1929-2007) 프랑스의 철학자, 사회학자, 미디어 이론가. 현대 소비사회의 본질을 꿰뚫는 시뮐라시옹 이론을 창시하여 문화, 미디어, 예술 및 사회 이론 분야 전반에 큰 영향을 미쳤다. 현대 사회를 '소비의 사회'로 지칭하며 현대인이 소비하는 것은 상품의 기능이 아니라 상품의 이미지, 즉 기호라고 주장했다. 주요 저서로 『소비의 사회』, 『시뮐라크르와 시뮐라시옹』(한국어판: 『시뮬라시옹』) 등이 있다.\_\_p.101

**장자크 루소**(Jean-Jacques Rousseau, 1712-1778) 프랑스의 계몽주의 사상가, 소설가. 자유와 평등을 지향하는 국민의 일반의지를 바탕으로 국가가 형성된다는 사회계약론을 주창하여, 프랑스혁명의 사상적 기반을 마련하고 근대 민주주의의 기틀을 다졌다. 주요 저서로 『사회계약론』, 『에밀』 등이 있다.\_\_p.21, 76, 85

**장폴 사르트르**(Jean-Paul Sartre, 1905-1980) 프랑스의 철학자, 소설가. 제2차 세계대전 이후 실존주의 철학을 대표하는 사상가로 많은 저작을 남겼다. 1964년 노벨문학상 수상자로 선정되었지만 수상을 거부했다. 주요 저서로 『존재와 무』, 『구토』, 『실존주의는 휴머니즘이다』 등이 있다.\_\_p.25

**장프랑수아 르벨**(Jean-François Revel, 1924-2006) 프랑스의 철학자, 언론인. 한때 사회주의자였으나 미국의 외교정책을 제국주의적이라고 비판하는 사회주의자들의 생각에 의문을 품었다. 이후 집필한 『마르크스도 예수도 없는 혁명』에서 미국에 대한 비판을 비판하여 큰 반향을 불러일으켰다. 주요 저서로 『반미 강박관념』(한국어판: 『미국은 영원한 강자인가?』) 『반(反)검열』 등이 있다.\_\_p.81

**전태일**(1948-1970) 노동운동가. 한국 노동운동의 상징과도 같은 인물이다. 17세 무렵 서울 청계천 평화시장에서 재단사로 일하면서 여공들의 열악한 노동환경을 목도했다. 이후 동료 노동자들에게 근로기준법의 존재를 알리고 노동 실태를 조사하여 노동청에 제출하는 등 노동환경의 개선을 위해 힘썼다. 1970년 11월 13일 청계천 앞 노동자 집회에서 근로기준법이 제대로 지켜지지 않는 현실을 고발하고자 근로기준법 화형식을 벌이고, "근로기준법을 준수하라." "우리는 기계가 아니다." 등의 구호를 외치며 분신하여 생을 마감했다. 그의 마지막 외침은 노동자가 처한 현실에 대한 사회적 각성을 촉발했으며 한국 노동운동 전개의 기폭제가 되었다.___p.100

**제라르 코르뉘**(Gérard Cornu, 1926-2007) 프랑스의 법학자. 1987년부터 세상을 떠날 때까지 『프랑스 법률 용어』의 집필 및 개정에 힘썼다.___p.29

**조영래**(1947-1990) 인권 변호사, 민주화운동가. 학생 시절에는 한일회담반대운동, 삼선개헌반대운동 등의 학생운동을 주도했다. 이후 정부의 탄압으로 구속되고 수배되었으나 계속 민주화운동에 전념했고, 전태일 정신을 알리기 위해 『전태일 평전』을 집필하였다. 망원동 수재 사건, 부천서 성고문 사건, 여성 조기 정년제 철폐 사건 등의 변론을 맡아 노동자, 여성, 학생, 빈민의 인권을 위해 활동하였다.___p.25

**존 던**(John Donne, 1572-1631) 영국의 시인, 성직자. 상투적 시어를 사용하는 기존 시의 인습을 거부하고 이질적인 심상을 조화시키는 시를 썼다. 17세기 영국 형이상학파 시의 선구자로 불린다. 주요 저작으로 시집 『노래와 소네트』 등이 있다. 중병에 걸린 경험을 바탕으로 집필한 산문집 『갑자기 발생하는 사태에 대한 명상, 그리고 내 질병의 여러 단계』(한국어판: 『인간은 섬이 아니다』)의 한 구절은 헤밍웨이의 소설 『누구를 위하여 종은 울리나』의 제목으로 인용된 바 있다.___p.93

**존 로크**(John Locke, 1632-1704) 영국의 철학자, 정치사상가. 영국 경험론 철학의 기틀을 다졌고, 국가의 절대 권력을 인정하지 않고 국민의 주권을 중요하게 생각하는 사회계약론을 주창했다. 그의 사회계약론은 루소 등 후대 철학자에게 영향을 미쳤을 뿐 아니라 훗날 프랑스대혁명의 사상적 기반을 마련했고, 근대 민주주의의 형성에도 기여했다. 저서로 『통치론』, 『인간 오성론』 등이 있다.___p.72

**존 스튜어트 밀**(John Stuart Mill, 1806-1873) 영국의 철학자, 정치경제학자, 정치인. 질적 공리주의, 자유주의 사상을 바탕으로 방대한 저작을 남겼다. 정치인으로서 여성 참정권을 지지하고 선거제도의 개혁을 촉구하기도 했다. 주요 저서로 『자유론』, 『공리주의』, 『여성의 종속』 등이 있다.___p.81

**지크문트 프로이트**(Sigmund Freud, 1856-

1939) 오스트리아의 생리학자, 정신과 의사, 정신분석학자. 인간의 '무의식'이라는 개념을 대중화하고 무의식적인 욕망과 방어기제에 대한 이론을 개척했으며 꿈을 무의식의 발현으로서 분석하고자 했다. 정신분석학의 창시자로 심리학, 정신의학, 사회학, 철학, 문화 이론, 문예비평 등 많은 분야에 지대한 영향을 미쳤다. 주요 저서로 『꿈의 해석』 『정신분석학 입문』 『문명 속의 불만』 등이 있다.___p.97

**체사레 베카리아**(Cesare Beccaria, 1738-1794) 이탈리아의 법학자, 경제학자. 권력자가 주관적으로 형벌을 결정해서는 안 되며, 범죄에 걸맞은 형벌은 객관적인 법률로 규정되어야 한다는 죄형법정주의를 주장했다. 그의 저서 『범죄와 형벌』은 당대 사회에 반향을 불러일으키며 형법의 근대화에 크게 기여했다.___p.49

**최시형**(1827-1898) 조선 시대의 종교사상가. 동학의 2대 교주로, 동학 창시자인 최제우의 사상을 이어받아 체계화했다. 모든 인간은 평등하고 존엄하다는 의미를 담아 '사람을 하늘처럼 섬기라'는 가르침을 강조했다.___p.9

**카를 마르크스**(Karl Marx, 1818-1883) 독일의 사상가, 경제학자, 정치학자. 마르크스주의의 창시자이다. 자본주의에 내재된 모순을 지적하고 노동자 중심의 계급투쟁 및 혁명 이론을 제시하였다. 『신성 가족: 비판적 비판에 대한 비판』 『독일 이데올로기』 『공산당 선언』을 엥겔스와 공동으로 저술했으며 엥겔스의 협력을 받아 『자본론』을 집필했다. 21세기에도 세계에서 가장 영향력 있는 사상가로 평가받고 있다.___p.37, 96

**키케로**(Cicero, B.C.106-B.C.43) 고대 로마의 철학자, 정치인, 문필가. 로마 공화정이 몰락하고 제정이 탄생하는 시기에 공화파 정치인으로 활동했다. 공화 체제의 몰락을 막을 수는 없었지만, 기존 공화정의 원칙을 수호하고자 수많은 저작을 남겼다. 그의 글은 고전 라틴어 산문의 표본이자 모범으로 불린다. 또한 그는 뛰어난 웅변가이기도 했다. 주요 저서로 『의무론』 『국가론』 『웅변가』 등이 있다.___p.125

**폴 라파르그**(Paul Lafargue, 1842-1911) 프랑스의 사회주의운동가, 정치인. 파리코뮌 시대에 노동자의 편에 서서 활약했다. 마르크스와 엥겔스의 저작을 프랑스어로 번역하여 프랑스에 알리는 데 힘썼다. 마르크스의 사위이

기도 하다. 주요 저서로 『게으를 수 있는 권리』, 『자본이라는 종교』 등이 있다.__p.100

**표트르 크로폿킨**(Pyotr Kropotkin, 1842-1921) 러시아의 혁명가, 무정부주의운동가, 지리학자. 진화의 원동력은 경쟁이 아니라 협력이라고 보았고 연대에 바탕을 둔 무정부 사회의 건설을 주장했다. 무정부주의운동에 적극적으로 가담했으며 관련 이론의 저술에도 힘썼다. 바쿠닌과 함께 러시아의 무정부주의를 대표하는 인물로 평가받는다. 주요 저서로 『상호부조 진화론』, 『빵의 쟁취』 등이 있다.__p.84

**프란치스코 교황**(Francis, 1936- ) 제266대 교황. 아르헨티나 태생이다. 검소하고 소박한 생활을 하고 있으며, 사회적 약자에 대한 관심을 촉구하는 데 노력을 기울이고 있다.__p.60

**프랑수아 자코브**(François Jacob, 1920-2013) 프랑스의 생물학자. 효소의 유전적 조절 작용과 세균 합성에 관한 연구로 1965년 노벨 생리·의학상을 받았다.__p.33

**프랑수아자크 드셴**(François-Jacques Deseine, ?-1715) 프랑스 태생의 문필가. 이탈리아 로마에 살며 집필 활동을 했다. 로마라는 도시에 관한 모든 것을 담고자 한 저작 『고대의 로마』, 『현대의 로마』 등은 문화적 가치를 인정받고 있다.__p56

**프리드리히 엥겔스**(Friedrich Engels, 1820-1895) 독일의 사상가, 철학자, 경제학자. 카를 마르크스와 함께 자본주의에 내재된 모순을 지적하고 마르크스주의를 창시했다. 혁명가로서 유럽 국가들의 노동운동을 지도하기도 했다. 『신성 가족: 비판적 비판에 대한 비판』, 『독일 이데올로기』, 『공산당 선언』을 마르크스와 공동으로 저술했으며 마르크스 사후에 남겨진 원고를 바탕으로 『자본론』의 2부와 3부를 펴냈다.__p.36, 37

**프리드리히 폰 실러**(Friedrich von Schiller, 1759-1805) 독일의 극작가, 시인. 괴테와 함께 독일 고전주의를 대표하는 문호이다. 자유에 대한 동경을 녹여 낸 다수의 작품을 남겼다. 저서로 희곡 『돈 카를로스』, 『빌헬름 텔』, 역사서 『30년 전쟁의 역사』 등이 있다.__p.88

**한나 아렌트**(Hannah Arendt, 1906-1975) 독일 태생의 미국 철학자, 정치이론가. 히틀러 집

권기에 유대인이라는 이유로 일주일간 감금되는 등 나치즘의 위협을 받았다. 프랑스로 피신하여 반나치운동에 참여하다가 1941년부터는 미국에 정착하여 방대한 저작을 남겼다. 나치즘에 관한 학술 연구를 바탕으로 전체주의를 냉철히 분석하고 권력, 폭력, 악의 속성을 기술하여 큰 반향을 불러일으켰으며 현대의 정치철학에 지대한 영향을 미쳤다고 평가받는다. 주요 저서로 『전체주의의 기원』『인간의 조건』『예루살렘의 아이히만: 악의 평범성에 대한 보고』 등이 있다.___p.17, 29, 64

**한상균**(1962- ) 노동운동가. 전국금속노동조합 쌍용차지부장으로서, 2009년 사측이 단행한 대규모 구조조정에 저항하며 노동자 파업, 점거 농성 등을 주도했다. 2015년에는 전국민주노동조합총연맹 위원장으로 당선되었고 그해 11월, 박근혜 정권의 노동법 개악에 맞서 민중총궐기를 주도하여 수배자가 되었다. 2015년 12월 경찰에 자진 출두하여 구속되었으며, 당시 유엔인권이사회 산하 '자의적 구금에 관한 실무그룹'과 국제노동기구는 그의 석방을 권고한 바 있다. 한국 노동자들의 투쟁에 헌신한 공로로 국제사무직노조연합으로부터 '공포로부터의 자유상'을, 미국노총으로부터 '조지 미니-레인 커클랜드 인권상'을, 네덜란드노총으로부터 '페베 엘리사베트 벨라스케스 노동조합상'을 받았다.___p.96

**황광우**(1958- ) 문필가, 인문학자, 전 민주노동당 중앙연수원장. 7, 80년대 군사정권 치하의 부조리한 현실에 맞서 민주화운동에 참여하고 필명으로 책을 펴내는 등 적극적으로 항거했다. 역사와 철학 분야를 아우르며 왕성한 집필 활동을 하고 있다. 주요 저서로 『철학 콘서트』『역사 콘서트』 등이 있다.___p.24

**황희**(1363-1452) 고려 말기와 조선 초기의 재상. 세종의 두터운 신임을 받아 세종 대에만 18년간 영의정을 지내며 국정에 참여했다. 일관된 법에 의해 나라를 다스려야 한다는 법치주의를 주장했으며 법전인 『경제육전』을 개정하여 펴내기도 했다. 어질고 청렴결백하여 존경받았다고 전해진다.___p.45

**후이 바르보자**(Ruy Barbosa, 1849-1923) 브라질의 정치인, 작가, 법학자. 노예제도의 폐지를 위해 힘썼고, 자유주의 사상을 바탕으로 브라질 제1공화국 헌법 제정에 기여했다.___p.36

잘 보이지 않는 곳에서의 권리 또한 보장되기를.
_곽민서(27)

세상 가장자리들이 소외되지 아니하기를 바랍니다. 너 나 할 것 없이 세상 찬란함을 누렸으면 좋겠습니다. 모두가 마땅히 그래야 함을 모두가 알았으면 합니다. _김우진(22)

인권의 출발점이 어디인지를 생각해 봐요. 왜 나는 귀한 존재이고, 왜 타인은 귀한 존재인지. 우리는 왜 권리를 가져야 마땅한 존재들인지에 대해서요. _김은지(23)

나는 내 삶의 방향과 속도를 결정할 권리가 있다. 그른 선택과 결정을 후회하고 다시 시작할 수 있으며 나의 시간을 흘려보내는 즐거움을 만끽할 수도 있으며 내가 원하는 방식으로 아름다움을 뽐낼 수도 있다. _이영아(38)

결혼을 안 하는 건 '틀린' 게 아니라 '다른' 삶의 모습입니다. 정답을 맞히지 못한 사람 취급할 권리는 누구에게도 없습니다. _최윤정(35)

'여성이라서 할 수 없는 일'은 없어요. '여자다운', '남자다운', '유리천장'이라는 단어조차 존재하지 않는 세상이, 그 어떤 여성도 학대받지 않는 세상이 오기를 바라요. _김유정(20)

졸업할 때, 취직할 때, 결혼할 때…. 모든 일에 '때'를 강요하지 말아 주세요. 누구나 자기만의 속도를 가질 권리가 있습니다. _송새나(29)

저희 집은 한부모가정이라 엄마 혼자 세 자매를 키우셨는데, 경제적 어려움이 있을 때 국가의 도움을 받지 못했어요. 금전적 도움을 주지 않는 아빠에게 재산이 있다는 이유로요. 실질적인 복지와 행복추구권을 보장받았으면 좋겠습니다.
_인소영(42)

흡연자는 흡연 구역에서 마음껏 담배 피울 권리가 있습니다. 하지만 금연 구역에선 비흡연자들도 맘껏 숨 좀 쉽시다! 특히 길에서! _나진우(30)

아직도 여성 운전자에게만 보복 운전을 하거나 '김 여사'니 뭐니 비하하는 것 같아요. 자신보다 덩치가 큰 남성에게는 아무 말도 못 하면서. 세상의 모든 딸들이 살기 좋은 세상이 되었으면 좋겠어요. _김은정(50)

지하철에서 노약자석은 당연하게 비워 두면서 임산부 배려석에는 아무렇지 않게 앉아 있는 분들이 많습니다. 아직 우리 사회는 임산부에 대한 배려가 부족한 것 같습니다. _이지은(27)

눈치 안 보고 쓸 수 있는 진정한 생리휴가를 원합니다. 생리가 예정된 날에 시작하는 경우는 드뭅니다. 그런데 생리휴가를 미리 신청해야 하는 구조, 놀기 위해 휴가를 쓴다는 오해 때문에 힘들고 고통스러워도 쉬는 것이 어렵습니다.
_문지영(33)

아가가 엄마 품에서 행복한 시간을 보내도록 육아휴직, 유연근무제 자유롭게 해 주세요.
_노현지(27)

세상을 구원하는 것은 언제나, 이기심보다는 이타성임을 믿어요. _여유정(23)

누구나 '소수자'입니다. 자신의 일이 아니라고 속단하고 인권 문제에서 한 걸음 떨어져 관망하지 말아야 합니다. _함유지(32)

퇴근 후 업무 카톡 받지 않을 권리. 어린아이들이 충분히 놀 수 있는 권리. 화려한 싱글이 결혼으로 추궁당하지 않을 권리. 신입도 자기주장을 할 수 있는 권리. _조현아(39)

일하다 보면 늦게 퇴근할 때가 많은데 그게 이젠 당연한 게 되어 버렸어요. 어쩌다 제시간에 퇴근하는 저를 야박하다는 듯이 쳐다볼 때면 짜증이 납니다. _김제남(40)

40대 비혼 여성으로서 나는, 결혼하지 않고도 온전한 사회인으로 존중받을 권리가, 스스로 결정한 삶의 방식을 고수할 권리가, 타인으로부터 호기심 어린 눈초리로 평가받지 않을 권리가 있

습니다! _송은진(41)

공중화장실은 몰카 걱정에 가지 못하고 내 방에서조차 커튼을 닫고 생활해야 하는, 이 당연하지 않은 세상이 바뀌었으면. 당연한 것을 요구하는 사람들이 예민하다고 여겨지지 않는 세상을 원합니다! _이혜준(20)

사람과 사람으로서 마주해야 합니다. 남자와 여자, 부자와 가난한 사람, 배운 사람과 그렇지 못한 사람… 수식 없이 '사람'으로 부르고 불려야 합니다. _곽선희(22)

기회조차 갖지 못한다는 것은 억울합니다. 부디 동등한 조건에서 정당한 방식으로 참여할 수 있는 기회가 공평하게 주어졌으면 좋겠습니다.
_주인애(34)

청소년들이 진로가 아닌 꿈을 찾을 수 있게 해주세요! _육제영(18)

학생의 사전적 정의는 피교육자입니다. 그렇다면 저희는 교육을 받고 있는 자체로 학생다운 것 아닌가요? 왜 추워서 외투를 입었다고, 단점을 가리고 싶어 화장을 했다고 학생답지 못하다는 소리를 들어야 하나요? _진나현(16)

학교가 학생의 정신적·육체적 안전을 위협할 경우, 학생은 학교를 벗어날 수 있어야 하고, 그런 이탈자를 사회적으로 지탄해서는 안 되며, 학교 시스템의 문제점에 대해 자유롭게 시정을 요구할 수 있어야 한다. _황성식(34)

외국인 나오는 티브이 프로에 동남아 사람들은 잘 안 보이네요. 백인이면 마냥 좋게 보고 친절히 대하는 우리들 태도, 이젠 없어질 때 되지 않았나요? _유지현(44)

모난 돌이 정 맞지 않는 유연한 사회를 꿈꾸며, 저는 오늘도 채식주의자 식당을 찾아 나섭니다.
_박재윤(40)

삶의 질을 떨어뜨리지 않고 노동할 권리를 보장받고 싶어요. _심세희(30)

빨간 공휴일에 공무원들만 쉴 수 있는 거라면, 공무용 달력을 따로 만들어서 주든가요. 공휴일인데 쉬지도 못하고 일만 하는 근로자는 상대적 박탈감만 생겨요. 빨간 공휴일에 공무원만 쉬는 거 있기, 없기? _김예성(39)

하루 일을 마친 사람들이 술 한잔 기울이며 더덩실 어깨춤 출 권리. _김은철(51)

어디에 사는지 어떤 차를 타는지 물어보는 아이들에게, 넓은 아파트나 좋은 차보다 더 소중한 것이 있다는 것을 자신 있게 말해 주고 싶습니다.
_신승철(45)

아이들이 따돌림 없는 사회에서 자랐으면 좋겠습니다. _안남영(31)

선생님들도 사람입니다! 서로를 사람 대 사람으로 존중하며 함께 성장하는 교육 문화 만들어 갑시다. _변희영(35)

내가 병들었다고, 직업이 없다고, 돈과 권력이 없다고 해서 이 사회의 구성원이 아닌 건가요? 나에겐 이 사회의 구성원으로서 마땅히 가질 권리와 의무가 있습니다! _윤해영(40)

나에겐 직장 상사의 눈치를 보지 않고 내 목소리를 개진할 권리가 있다. _이재영(32)

이른바 '자유민주주의'의 이름으로 한국 사회에 대한 견해의 자유와 인권을 억압하는 역사는 이제 끝나야 한다. 나를 비롯한 사회 구성원 모두에게는 다양한 사상을 읽고 사유하며 공유할 권리가 여전히 필요하다. _이유진(44)

지친 퇴근 시간, 끼여 타는 지하철의 개선이 필요해요. 서로 너무 붙어 있어 숨 쉴 공간도 없고, 내릴 역에서 내리지 못하기도 해요. 승객들이 밀고 타면서 닫히지 않는 문을 두고 위험천만한 상황을 중재하시는 기관사님을 위해서도 꼭 필요합니다. _이지윤(23)